CLASSIQUES EN POCHE

*Collection
dirigée
par
Hélène Monsacré*

T0163928

PLINE L'ANCIEN

HISTOIRE NATURELLE

Livre XXXV

La Peinture

Texte établi et traduit par Jean-Michel Croisille
Introduction et notes de Pierre-Emmanuel Dauzat

Troisième tirage

LES BELLES LETTRES

2018

*Ce texte et la traduction sont repris du volume correspondant
dans la Collection des Universités de France (C.U.F.),
toujours disponible avec apparat critique et scientifique.
(Pline l'Ancien,* Histoire naturelle, *livre XXXV, 2002),*

*Tous droits de traduction, de reproduction et d'adaptation
réservés pour tous les pays*

Première édition 2001

*ISBN : 978-2-251-79911-7
ISSN : 1275-4544*

INTRODUCTION

par Pierre-Emmanuel Dauzat

> *Connaissez-vous bien ce Pline dont vous parlez si lestement ? Savez-vous que c'est l'homme du plus profond savoir et du plus grand goût ? Savez-vous que le mérite de le bien sentir est un mérite rare ? Savez-vous qu'il n'y a que Tacite et Pline sur la même ligne ?*
>
> Diderot, Lettre à Falconet.

Pline l'Ancien a mauvaise réputation. Dans le domaine de l'art, en tout cas. Sous la plume de J. von Schlosser — et la grande majorité des historiens d'art, depuis, ont repris son verdict à leur compte —, le jugement a l'effet d'un couperet : malgré sa « tentative grandiose » pour considérer la nature dans ses rapports avec l'art, Pline serait un Bouvard et Pécuchet de l'histoire de l'art, un « M. Homais de la latinité », si crédule qu'il semble s'être donné pour règle *credo quia absurdum*.

Pour Schlosser, en effet, son œuvre « est le grand réservoir, mais aussi le tombeau, de l'ensemble du savoir antique sur l'art ». Et d'ajouter que « l'homme de lettres (...) trahit sans vergogne sa maigre expérience des choses de l'art. (...) Comme on pouvait s'y attendre, son pragmatisme brutal et son syncrétisme rappellent de loin la façon de travailler de Vasari[1] ». La liste des griefs s'allonge : Pline aurait été un compilateur maladroit, confondant les auteurs, juxtaposant les fiches de lecture

---

1. J. von Schlosser, *La Littérature artistique*, préf. d'A. Chastel, Paris, Flammarion, 1984, p. 45 *sq*.

sans ordre ni méthode au risque de se contredire d'un paragraphe à l'autre, recopiant sans comprendre, mêlant les on-dit et les jugements à l'emporte-pièce d'un provincial aigri, supportant mal la *luxuria* de son temps illustrée par le « IVe style », nationaliste, voire chauvin, mais passant à côté de l'art contemporain[2] parce qu'exclusivement soucieux de connaissances livresques. L'engouement des humanistes renaissants pour son œuvre, sa présence tutélaire dans l'œuvre de Vasari (qui évite généralement de s'y référer, vanité d'auteur oblige), les allusions flatteuses de Léonard de Vinci, la redécouverte moderne qui a trouvé dans ses pages des courants précurseurs de l'art abstrait[3] n'ont pas suffi à redorer son blason.

Le fonctionnaire et l'encyclopédiste

À vrai dire, on peut, avec Pierre Grimal, incriminer le portrait que Pline le Jeune a laissé de son oncle, en « érudit un peu ridicule, une sorte d'archiviste plus maniaque qu'intelligent ». « Il avait, écrit son neveu, un génie vigoureux, une ardeur extraordinaire, une très grande puissance de veille », et se plaisait à travailler à la « nuit bien tombée ». Après sa journée de travail, il

2. Voir la mise au point de J.-M. Croisille, « Pline et la peinture d'époque romaine », in *Pline l'Ancien, témoin de son temps*, Salamanque-Nantes, 1987, p. 321-337. Pline est un « médiocre témoin » dont les textes soulèvent d'intéressantes questions. Voir également Y. Perrin, « Un témoignage de Pline sur l'évolution socio-culturelle de son temps (*NH*, 35, 52) », *ibid.*, p. 385-412.

3. On pense à Jean Paulhan qui, dans un opuscule sur l'art abstrait, s'est emparé de Pline, XXXV, 81-83, et de sa fascination pour des « lignes échappant au regard ». Comme dit l'excellent Jackie Pigeaud, « il est beau, il est profond que Pline ait été sensible à cela » (*L'Art et le vivant*, Paris, Gallimard, 1995, p. 204). Avant J. Paulhan, au début du siècle, on avait déjà fait de Pline le cofondateur du cubisme avec Apollinaire (*ibid.*, p. 210).

consacrait le reste de son temps à l'étude : « On lui lisait un écrit, il l'annotait et en extrayait des passages » *(excerpta)*. Il glanait partout : « Il affirmait même qu'il n'est pas de livre si mauvais qui ne puisse être utile par quelque endroit. » Le soir, il lisait et prenait des notes pendant le repas. Un jour que son esclave-lecteur avait fait une erreur, l'un de ses amis le reprit, l'obligeant à relire le passage fautif. Pline protesta aussitôt : Vous aviez compris, alors pourquoi recommencer ? « C'est plus de dix lignes que votre interruption nous a fait perdre » (Pline le Jeune, *Lettres*, III, 5).

De fait, la personne et les passions de Pline l'Ancien nous sont assez bien connues par les lettres de son neveu et fils adoptif, Pline le Jeune, qui lui vouait une admiration affectueuse et sincère. Grâce à lui, la vie quotidienne d'aucun Romain ne nous est aussi bien connue que celle de Pline. Son neveu nous a aussi laissé dans ses lettres un catalogue complet de ses œuvres : de l'essai sur *L'Exercice équestre du javelot* à la vie de son ami et mentor, *Pomponius Secundus*, en passant par les *Dubii sermonis* (sur les ambiguïtés du langage), ouvrage en huit livres composés « sous Néron, vers la fin du règne, à un moment où tout genre d'écrit tant soit peu sincère et élevé était devenu dangereux au milieu de la servitude universelle ». Il ne faut pas non plus oublier — mais la liste n'est pas exhaustive — son *Histoire des guerres de Germanie* en vingt livres et sa *Continuation d'Aufidius Bassus* en trente et un livres (dont il ne nous reste aucun fragment), ainsi que les cent-soixante volumes de *Commentarii*, ou notes de lecture, d'une écriture très serrée couvrant les feuilles au recto comme au verso.

Par sa famille, Pline (né en 23 ou 24 à Novumcomum — Côme — en Gaule Cisalpine, sous le règne de Tibère) appartenait à l'ordre équestre, ce qui lui imposait d'accomplir trois commandements militaires : il sera donc *praefectus cohortis* sous Corbulon, préfet commandant une aile sous Pomponius Secundus et, pour finir, tribun avec Titus. Homme énergique, véritable « baroudeur », Pline ne perdra jamais une occasion de se vanter de son expérience du terrain. Son service terminé, il rentre en Italie où il se plonge dans une retraite studieuse : c'est le temps de Néron, où c'est un vrai malheur que d'avoir trop d'esprit. L'accession de Vespasien, dont il cultivera les bonnes grâces (en qualité d'*amicus principis*), le remet en selle ; il exercera quatre procuratèles entre 70 et 76 : en Narbonnaise, en Afrique (71-72), en Espagne Citérieure (en 73) et enfin en Gaule Belgique (cette dernière procuratèle lui laissant amplement le temps de s'adonner à ses recherches et à ses travaux d'écriture). Entre 77 et 79, il commande la flotte impériale de Misène tout en résidant pour l'essentiel à Rome, accaparé par ses études et une foultitude d'activités (jamais il ne laissait un ami dans l'embarras et il avait toujours beaucoup plaidé). En 79, pendant l'éruption du Vésuve qui anéantit les cités campaniennes, il se trouve à Misène. Le récit de sa mort (lettre de Pline le Jeune à Tacite, VI, 16), qui est un chef-d'œuvre de composition littéraire tenant de l'éloge funèbre, laisse subsister un certain nombre d'opacités qui ont parfois fait penser à un suicide, ou tout au moins à un sacrifice. À l'évidence, l'explication par la mort naturelle n'a pas convaincu tout le monde[4]. Une légende persistante, confinant à l'hagiographie, fait pourtant de Pline la victime de son irrépressible curiosité. L'« amiral des volcans », ainsi qu'on l'a surnommé, aurait trouvé la mort pour avoir voulu observer de trop près un phénomène naturel. La vérité semble plus composite : le savant aux rondeurs aquinates était un homme de cœur, à la santé

---

4. Voir la « biographie » parcellaire de Pline l'Ancien par Suétone, frag. 80, in Pline l'Ancien, *HN*, I, éd. CUF, 1950, p. 13. Sur ce point, cf. M. D. Grmek, « Les circonstances de la mort de Pline », in *Pline l'Ancien, témoin de son temps*, p. 22 *sq.*

chancelante, qui avait choisi de répondre à l'appel au secours d'une amie. Il serait mort d'une crise cardiaque.

Une histoire matérielle de l'art antique

Reste que le vrai mystère n'est pas dans sa vie, mais dans ses livres. Faisant œuvre de naturaliste, pourquoi Pline a-t-il jugé bon d'intégrer les arts dans son encyclopédie et d'émailler son propos de critiques sociales et techniques, plus souvent — apparemment — qu'esthétiques ? Aux sciences naturelles telles que nous les comprenons aujourd'hui, Pline ajoute en effet la géographie (quatre livres), l'art (monuments, peinture, moulage, sculpture en trois livres, XXXIV à XXXVI). Et alors que son « histoire de l'art antique » commence au livre XXXIV (après les premiers aperçus de VII, 123 *sq.*), il faut attendre le livre suivant pour savoir pourquoi, dans son esprit, il ne s'écarte pas du propos de l'*Histoire naturelle* en abordant les arts. Si contraire qu'elle soit aux usages modernes de l'histoire et de la critique d'art, la logique de sa démarche est pourtant assez claire[5] : l'artiste étant d'abord un artisan, quoi de plus naturel, en somme, que d'étudier ses matériaux (surtout quand on sait qu'ils font, pour l'essentiel, la valeur de l'œuvre) ? Comme il s'en explique dans la dédicace à Titus, 12, l'*Histoire naturelle* forme un « tout organique » (A. Rouveret) ; la vie, sous toutes ses formes, est son seul sujet : *rerum natura, hoc est vita*.

Plus encore qu'une histoire matérielle des arts, Pline entend donner un panorama des applications des minéraux, des terres, des pigments, dresser un « inventaire du monde ». Mais dès l'entame (XXXV, 1), il annonce la couleur : la concision sera sa ligne de conduite. Plus que

5. Cf. L. Venturi, *Histoire de la critique d'art*, Bruxelles, Éd. de la Connaissance, 1938, p. 38-67.

la minutie des descriptions, il recherchera l'exactitude des mots et des images, s'évertuant à « mettre au point un type d'expression modelé exactement sur sa science, qui est la science du sensible » (A. Michel). La beauté du style, limpide jusqu'à en devenir sibyllin, et la liberté d'esprit de qui refuse de s'encombrer des préjugés académiques font penser à Roger Caillois, au poète de *Pierres* et de *Cases d'un échiquier*, sinon à certains moments, par un sens aigu du coq-à-l'âne, au fameux encyclopédiste chinois de Borges (XXXV, 199 à 202, témoigne, entre autres, d'un plaisant esprit d'escalier).

Il est vrai, cependant, que dans son travail d'*ekphrasis*, Pline a souffert des insuffisances du vocabulaire latin, dont il n'avait que trop conscience : « Il n'y a pas de mot latin pour traduire cette *symmetria* », observe-t-il par exemple en évoquant l'œuvre de Lysippe (*HN*, XXXIV, 65). Plus d'une fois, au fil de ces pages, on retrouvera ce *non possumus*[6], aveu d'échec ou figure de rhétorique lui permettant de mieux faire passer une idée neuve, peut-être un paradoxe. Pour le lecteur moderne, cette difficulté est redoublée par le fait que le « référent est par définition absent[7] », ce qui oblige à des spéculations parfois acrobatiques pour comprendre à quelle réalité correspond une description. Malgré le souci qu'il a de transmettre un patrimoine à la postérité, la part de l'implicite est toujours très grande chez Pline : soit qu'il suppose l'œuvre connue, parce que visible de son temps, soit qu'il se fasse l'écho d'un commentaire ou d'une description d'une œuvre qui, déjà, s'effaçait de la mémoire des connaisseurs ou qui avait disparu dans quelque incendie.

Enfin, si l'on peut discuter son goût, épisodiquement

---

6. Voir *HN*, I, 13, où il s'excuse de devoir employer des « termes campagnards ou étrangers, et même jusqu'à des noms barbares ».

7. Sur ce point et ses conséquences, voir A. Rouveret, introduction au livre XXXVI, Paris, Les Belles Lettres, 1981, p. 17 *sq*.

affiché, pour les arts réalistes et pathétiques, et sa prédilection pour les arts italiques et la tradition romaine classique, son refus des excès néroniens atteste une réelle sensibilité esthétique servie par une langue élégante, et un souci constant de faire partager ses sentiments devant les *mirabilia* — œuvres de la nature ou de la main de l'homme. Là encore, plutôt que de conclure hâtivement et anachroniquement à quelque échec du « projet encyclopédique », il faudrait chercher du côté des « récurrences dérobées » chères à Roger Caillois pour avoir un analogue moderne de son ambition. En ce cas, les pages de Pline sur la peinture auraient valeur d'« aperçu sur l'unité et la continuité du monde physique, intellectuel et imaginaire ». Au risque de l'oxymoron, on dira que le parti pris des choses a accouché d'un encyclopédisme subjectif.

Pour terminer sur ce point, ajoutons que, dans son œuvre d'historien de son temps, Pline est le contraire du « savant de cabinet » : ses fonctions militaires et administratives l'ont amené à accomplir de nombreux voyages, à se frotter à la vie militaire et politique de son époque, et tout porte à croire qu'il y a eu « une certaine interpénétration entre deux œuvres à première vue si différentes », l'inventaire de la nature et la chronique telle que la concevait un Tacite, l'*Histoire naturelle* et la *Continuation*[8]. Il faut donc en finir avec la légende du compilateur béotien qui aurait trop souvent confondu des homonymes, volontiers pris le nom d'un athlète pour celui d'un sculpteur, bref, qui aurait trop fréquenté le rendez-vous encyclopédique de l'ignorance critique, pour emprunter, en le détournant, le joli mot de Manuel de Diéguez[9].

8. Cf. P. Jal, « Pline et l'historiographie latine », in *Pline l'Ancien, témoin de son temps*, p. 488 *sq.*

9. Manuel de Diéguez, *Science et nescience*, Paris, Gallimard, 1970, p. 8.

La réalité est autre. Elle est que Pline a le scrupule de ses sources (qu'il ne manque jamais de citer dans chacun de ses livres[10]) et qu'il a partagé avec tous les historiens de l'Antiquité les difficultés de son métier.

Autrement dit, si l'on est en droit de lui reprocher des approximations, voire des erreurs, il faut lui faire le crédit, avec A. Michel, A. Rouveret et J. Pigeaud, d'avoir lui-même fourbi les armes qui nous permettent aujourd'hui de le critiquer. Au demeurant — naïveté ou probité —, Pline affiche sans fard ses préjugés, sa conception du progrès, ses dilections et ses admirations pour la finesse du trait ou la rapidité d'exécution. Bien que jamais il ne suspende son jugement, même quand il feint la description anodine, on ne saurait lui nier le mérite d'avoir au moins tenté de proposer un vocabulaire esthétique et une grammaire des styles qui nous permettent et de nous faire une idée des œuvres décrites, et de comprendre les tenants et aboutissants de ses appréciations, sinon de ses jugements.

Une postérité contrastée

Plus d'un commentateur de Pline l'Ancien a observé la présence de Pline dans le Moyen Âge latin. Sa classification des couleurs, parmi bien d'autres choses, se retrouve telle quelle chez Isidore de Séville[11].

10. Pour le livre XXXV, il cite : Messala l'orateur, Messala l'Ancien, Fenestella, Atticus, M. Varron, Verrius, Cornelius Nepos, D. Epulo, Mucien, Melissus, Vitruve, Cassius, Seueurus, Longulanus et Fabius Vestalis, ainsi que toute une série d'« étrangers », d'Apelle à Xénocrate en passant par Apollodore et Théophraste. Sur l'usage que Pline fait de ses « informateurs », voir la mise au point de J.-M. Croisille dans l'éd. CUF.

11. Sur la postérité médiévale de Pline, voir, *e.g.*, Carmen Cordoner : « De l'Antiquité au Moyen Âge : Isidore de Séville », p. 19-35, in A. Becq, éd., *L'Encyclopédisme*, Paris, Aux Amateurs de Livres, 1991.

L'influence proprement dite commence cependant avec l'appropriation personnelle, parfois très approximative, que fait de son œuvre Lorenzo Ghiberti, dans ses *Commentarii* (vers 1450). Vient ensuite l'édition princeps de 1469[12], avec la traduction italienne complète par Cristoforo Landino, en 1470, et les commentaires copieux de Ermolao Barbaro, en 1534, ou du Français Demontosius, en 1585. Francisco de Hollanda, dans ses dialogues (1548-1549), en proposa à son tour une lecture minutieuse. Bref, le XXXVe livre de Pline était universellement connu. Pour autant, était-il lu ? Et s'il l'était, quel usage en faisait-on ?

Dans son étude sur la peinture des humanistes, M. Baxandall distingue trois grandes orientations de la critique d'art renaissante. La première, issue de Cicéron et de Pétrarque, est centrée sur l'analogie entre la peinture et la littérature[13]. La deuxième, plus localisée, est issue de Pline. Elle inspirera une histoire de l'art moderne conçue comme « une série d'artistes aux capacités et aux qualités individualisées » — approche qui fut à l'origine d'une appréciation très structurée de l'art florentin au début du XIVe siècle, mais sans lendemain au XVe siècle. La troisième, qui n'est pas totalement absente mais garde une importance mineure chez Pline, sera celle de l'*ekphrasis*[14].

Tel est donc, à grands traits, le contexte de la réception — bien souvent rhétorique, voire de pure forme — du livre XXXV de Pline à la Renaissance. Alberti, dans son *De pictura*, mais aussi Pétrarque emprunteront dis-

---

12. Cinquante-cinq éditions complètes des trente-sept livres en latin entre 1469 et 1599, dont seize en Italie. Voir A. Labarre, « Diffusion de l'*Historia Naturalis* de Pline », *Festschrift C. Nissen*, 1973, p. 451-703.

13. Cf. R. W. Lee, *Ut pictura poesis. Humanisme et théorie de la peinture*, Paris, Macula, 1991.

14. M. Baxandall, *Les Humanistes à la découverte de la composition en peinture*, 1340-1450, Paris, Éd. du Seuil, p. 124 *sq*.

crètement la terminologie de Pline (tout en affectant de s'en écarter) sans toujours bien voir son origine rhétorique[15]. Landino et Gauricus prendront pour argent comptant diverses considérations de Pline (*e.g.*, XXXIV, 65, sur l'absence d'équivalents de mots grecs). D'aucuns, comme Bartolommeo Fazio, pousseront la témérité jusqu'à attribuer la perfection technique des Van Eyck à l'étude de Pline, grâce auquel ils auraient redécouvert les propriétés des pigments[16]. Dans une autre perspective, sous la plume de Léonard de Vinci, on lira des notes de ce genre : « Quelle différence y a-t-il entre la vue d'un bel objet et d'un objet laid ? Citer Pline[17]. » Enfin, les critiques du XVIe siècle, dans la querelle des arts libéraux, citeront souvent le livre XXXV pour prouver que la peinture avait toujours été tenue en honneur.

Bref, quoi qu'on en fasse et à plus ou moins bon escient, il faut citer Pline (entre autres), dépositaire du savoir perdu des maîtres antiques. Pline était devenu un enjeu rhétorique, trop souvent sollicité à tort et à travers, jusque dans des domaines ou Pline n'aurait sans doute jamais prétendu faire autorité. Comment les peintres renaissants auraient-ils pu, par exemple, tirer la moindre conclusion des considérations de Pline sur le tétrachromatisme d'Apelle, quand l'absence de bleu et de vert

---

15. Baxandall, *ibid.*, p. 85-87, et A. Chastel, *Art et humanisme à Florence*, Paris, PUF, 1982, p. 65. Sur la rhétorique de l'auteur de l'*HN*, voir A. Michel, « L'esthétique de Pline », in *Pline l'Ancien, témoin de son temps*, p. 371-383.

16. Cf. E. Panofsky, *Les Primitifs flamands*, Paris, Hazan, 1992, p. 17.

17. *Carnets de Léonard de Vinci*, trad. L. Servicen, Paris, Gallimard, 1942, vol. II, p. 230. Léonard de Vinci lui-même, qui dans ses *Carnets* cite plus volontiers Pline pour ses considérations hydrauliques, balistiques, etc., que picturales ou esthétiques, se serait inspiré d'une recette donnée par Pline pour la préparation des murs en stuc. Cf. J. Rouchette, *La Renaissance que nous a léguée Vasari*, Paris, Les Belles Lettres, 1959, p. 181.

était contraire à l'intention naturaliste proclamée ? Ils devaient en conclure, soit à une simplification, soit à une erreur. Dans les deux cas, ce que Pline disait de la technique du maître ne pouvait déterminer concrètement leur pratique artistique[18]. (Mais il est vrai qu'on ne saurait lui faire personnellement grief du trop grand crédit qu'on lui fit en l'occurrence.)

Sans doute est-ce de ce côté qu'il faut chercher l'origine du malentendu moderne sur Pline. Au XVIIIe siècle, en effet, Pline acquiert une mauvaise réputation qu'il conserve assez largement de nos jours, surtout pour ce qui est des arts. Ainsi peut-on lire sous la plume de Ch.-N. Cochin (graveur et théoricien de l'art) à propos de la publication critique de Pline par le sculpteur Étienne Falconet : « Il fera voir et toucher du doigt que le bon Pline raisonnait fort mal des arts et que son autorité si respectée n'est pas fort respectable à cet égard. Voilà une autre hérésie et on la traitera de blasphème[19]. » Si le jugement trahissait encore quelque audace, il n'allait pas tarder à faire tache d'huile. C'en était fini de l'innocence critique avec laquelle on avait jusqu'alors reçu le « témoignage » de Pline sur la peinture antique.

De fait, le dialogue entre Falconet et Diderot[20] sur Pline et son appréciation des artistes passés est riche en enseignements et définit les termes d'un débat qui se

18. Cf. J. Gage, « A Locus Classicus of Colour Theory. The Fortunes of Apelles », *Journal of the Warburg and Courtauld Institutes*, XLIV, 1981, p. 1-26, cité par M. Kemp, *The Science of Art*, Yale, 1990, p. 265. Voir aussi *ibid.*, p. 275.

19. Cité par Ch. Michel, *Charles-Nicolas Cochin et l'art des Lumières*, École française de Rome, 1993, p. 243. Pour les débats sur l'autorité de Pline au Siècle des Lumières, on se reportera à Ch. Grell, *Le XVIIIe siècle et l'Antiquité en France*, Paris, Thèse, Paris-IV, 1990, p. 239-246.

20. Cette correspondance a été publiée par Y. Bénot, *Le pour et le contre*, Éditeurs français réunis, 1958. Voir aussi l'analyse de Ph. Heuzé, « Pline "critique d'art" ? Les avis contradictoires de Diderot et Falconet », in *Pline l'Ancien, témoin de son temps*, p. 345-355.

poursuit encore, assez vivement, de nos jours. Les plus subtils éditeurs modernes des livres de Pline sur l'art — J. André, J.-M. Croisille, H. Gallet de Santerre et H. Le Bonniec — eux-mêmes ont du mal à se défaire de cette problématique.

« Ah ! (...) Pline un petit radoteur ! se récrie Diderot. Pardonnez-moi le mot, mais jamais l'indécence et peut-être l'injustice d'une pareille expression adressée à un des hommes les plus rares qui ait fait honneur à l'espèce raisonnable ne sera supportée[21]. » Ce qui n'empêchera pas Falconet, plus teigneux que jamais, de dénoncer une platitude dans le *pinxit et quae pingi non possunt* (« Il a peint des sujets que la peinture ne peut guère représenter », *HN*, XXXV, 96), par quoi Pline entend définir le talent d'Apelle, celui qu'il admire entre tous : « Voilà un *pingi non possunt* bien bourgeois » (*sic*). Où Diderot recevait « en quatre mots une idée nette de l'esprit, de la vérité et de la hardiesse de l'artiste », où Félibien voyait la preuve du génie d'Apelle mais aussi... de Poussin, son interlocuteur dénonce le jugement d'un homme qui « pense bassement ». Une lecture positiviste, dont la philologie traditionnelle a du mal à s'émanciper, avait réussi à faire de Pline un « bourgeois », quand il aurait dû être une consolation, comme le voulait Diderot, pour « qui aurait la maladie de la postérité ».

Du bon usage de Pline

Le texte de Pline, observe justement Philippe Heuzé, « file si vite qu'on voudrait sans cesse le ralentir, lui demander des éclaircissements, de satisfaire pleinement la curiosité qu'il attise[22] ». Assurément, on pourrait dire de lui ce qu'il observe à propos de Timanthe : « Il y a

---

21. Diderot, cité in Y. Bérot, *op. cit.*, p. 90.
22. Ph. Heuzé, *loc. cit.*, p. 348.

plus à comprendre que ce qui est dit » (XXXV, 74). Il semble, en effet, en dire ou trop peu (*e.g.*, à propos d'Apelle, dont il ne mentionne pas la *Calomnie*[23]) ou beaucoup trop (en XXXV, 24, par exemple, où à force d'insister sur le prix des œuvres il donne l'impression de faire de la valeur monétaire un critère esthétique[24]). Ce décalage constant, source d'une frustration permanente, explique la position mal assurée du lecteur qui, pour parler vulgairement, ne sait trop sur quel pied danser. Que faut-il demander à Pline ? Un jugement esthétique ? Un regard historien ? Une analyse technique ? Avec plus ou moins de bonheur, chaque époque aura eu son Pline, équivoque et inépuisable, mais toujours utile.

Il semble que seule puisse rendre à Pline toute la richesse de son propos une « modalité aujourd'hui perdue de la connaissance » : ce que J. Pigeaud appelle la « rêverie culturelle ». En d'autres termes, les contresens successifs sur Pline — esthétiques, historiques, sociologiques, voire techniques — s'expliquent par le refus de reconnaître sa démarche éminemment personnelle : « Ce que l'on cherche à comprendre trop souvent comme des renseignements techniques relève donc plus vraisemblablement d'un autre genre, celui de la rêverie, de l'imagination d'une pratique[25]. » À trop vouloir réduire le propos de Pline à des considérations techniques, on est conduit à pointer des lacunes dans son texte, et pire encore, à suggérer des amendements : ainsi dans l'exégèse de XXXV, 67-68, où il est question du talent de Parrhasios pour « clore la juste mesure de la peinture qui s'arrête » et de « l'extrémité [qui] doit faire le tour d'el-

23. Voir J.-M. Massing, *La Calomnie d'Apelle*, Strasbourg, Presses Universitaires de Strasbourg, 1990, p. 14, n. 16.

24. À moins qu'il ne soit précisément moderne en cela, ou qu'il ne manie l'ironie (en XXXV, 5, lorsqu'il évoque ceux qui veulent des portraits « non d'eux-mêmes », mais « de leur argent »). Voir aussi XXXV, 157 *sq.*

25. J. Pigeaud, *op. cit.*, p. 210.

le-même et terminer de façon à promettre d'autres
choses derrière elle », il faut voir, non pas une réflexion
sur la notion de contour, mais une méditation sur le sens
de la forme et du dessin par rapport à la couleur[26].

J. Pigeaud renouvelle avec bonheur la démonstration
à propos des paragraphes 81-82, où Pline nous rapporte
le duel entre Apelle et Protogène : plutôt que de faire
dire au texte ce qu'il ne dit pas, de deviner des silhouettes ou quelque profil, en un mot un contour, il faut
accepter ces remarques sur la *subtilitas* et la *tenuitas* de
la ligne, sur l'idéalité du trait, comme une méditation sur
l'inachevé[27], d'ailleurs bien conforme à l'esthétique de
Pline : « Ce qui est vraiment rare et digne d'être retenu,
c'est de voir les œuvres ultimes de certains artistes et
leurs tableaux inachevés (...) être l'objet d'une admiration plus grande que des ouvrages terminés, car en
eux l'on peut observer les traces de l'esquisse *(liniamenta reliqua)* et la conception *(cogitationes)* même de
l'artiste » (XXXV, 145).

Le dernier exemple que prend J. Pigeaud — celui du
Tandem se ars ipsa distinxit (« Enfin l'art se différencia
lui-même », XXXV, 29) — est une fois de plus l'occasion de montrer qu'on ne gagne rien à triturer le texte
de Pline, à le réduire à une analyse technique pour
conclure aussitôt à la maladresse de son auteur. La
notion d'*harmogé*, par exemple, d'« articulations » et de
« passages de couleurs », est certes un terme technique
de peinture. Mais loin d'être redondante, la double traduction qu'en fait Pline par *commissura* et *transitus* trahit sa perception aiguë de l'enjeu de la peinture, c'est-à-
dire de l'exercice de la distinction[28].

On pourrait multiplier *ad libitum* les exemples de ce
style, qui tous mettent en valeur la qualité littéraire du

26. *Ibid.*, p. 12-13, 199-203.
27. *Ibid.*, p. 203-205.
28. *Ibid.*, p. 206-209.

livre XXXV. Pline cherche moins l'originalité que la précision, et son souci est celui d'une exactitude certes technique, mais surtout suggestive. Il choisit avec soin les œuvres qu'il cite, prenant des libertés avec la chronologie, négligeant la causalité et les filiations, passant sous silence des pans entiers de l'histoire de l'art (l'école de Pergame est presque absente, la floraison du IVe style décriée), procédant par repérage des affinités et sympathie au sens goethéen de ces termes, toujours à seule fin de mettre en valeur ses préférences. De là vient la fécondité de son œuvre dans le domaine de l'imaginaire. Que Balzac ait trouvé chez Pline l'idée originale du *Chef-d'œuvre inconnu* (peut-être en XXXV, 102-104), quelle meilleure justification de cette démarche[29] ?

Force est de conclure, avec A. Michel, que l'« éclectisme empirique » de Pline est imprégné d'une « esthétique cohérente » — généralisée, aurait dit Caillois : « Il invente un surréalisme naturaliste en le fondant à la fois sur les symboles de Marbod, sur l'encyclopédie de Rabelais, sur le flair aigu ou le goût concis de Mme Colette[30]. » Mais le mot antépénultième revient naturellement à Jackie Pigeaud, le plus subtil et généreux de ses exégètes modernes : « Il y a quelque chose, dans Pline XXXV, d'infiniment séduisant, qui fait éclater tous les discours techniques possibles ; cela tient sans doute à la spécificité de la peinture, peut-être aussi à une sensibilité particulière de Pline. » Et de confesser : « Il me semble trouver chez Pline, dans les exemples qu'il donne, qu'il a choisis, le témoignage d'une réflexion, qui sort de l'organisation chronologique, d'une histoire de la peinture[31]. »

Dans une anecdote que Pline rapporte avec un évi-

29. Cf. A. Michel, *loc. cit.*, p. 374, mais voir aussi G. Didi-Huberman, *La Peinture incarnée*, Paris, Éditions de Minuit, 1985, p. 104-110.

30. A. Michel, *loc. cit.*, p. 383.

31. J. Pigeaud, *op. cit.*, p. 205.

dent plaisir (XXXV, 85), Apelle aurait protesté qu'« un cordonnier n'a pas à juger au-dessus de la sandale ». Telle est sa ligne de conduite personnelle en ces pages, témoignant d'une modestie dont il donne les raisons aux paragraphes 12-13 et 21-22 de sa dédicace à Titus (*HN*, I) : son propos est aride, voire fastidieux, seule l'intéresse la vie dans ce qu'elle a de plus bas, et il suit les brisées d'autres auteurs, plus talentueux. Le génie, « d'ailleurs si médiocre en lui » n'y a point de place (*ibid.*, 12). Au demeurant, au nom de quoi s'autoriserait-il un ton péremptoire naguère employé en critique d'art alors que les plus grands maîtres eux-mêmes préféraient « Un Tel y travaillait » à une inscription plus définitive, « Fait par Un Tel » (*ibid.*, 26-27) ? Doué d'un sens aigu de l'inachevé et du provisoire, Pline n'eût point osé donner ses sandales de critique pour les cothurnes des artistes. Il parle autant qu'il sait. Quand il sait, il admire. Mais sitôt qu'il ignore, il se tait et se complaît dans l'art de la litote, et, à l'évidence, il ne livre pas tout ce qu'il sait. Il rêve. Au, lecteur, donc, de chausser ses pantoufles — de ne pas confondre les genres et d'entendre la leçon de minimalisme critique et de matérialisme rêveur qu'il administre. Le plaisir de cette lecture, de prime abord, rébarbative, tantôt sinueuse, tantôt déroutante de prosaïsme feint, est à ce prix. Et il est rare.

« Mon ami Pline », comme dit Diderot, ou l'invitation à la rêverie.

HISTOIRE NATURELLE

LIVRE XXXV

DE LA PEINTURE

LIBER XXXV

I. Metallorum, quibus opes constant, adgnascen- 1
tiumque *iis* natura indicata propemodum est, ita
conexis rebus, ut immensa medicinae silua officina-
rumque tenebrae et morosa caelandi fingendique ac
tinguendi subtilitas simul dicerentur. Restant terrae
ipsius genera lapidumque uel numerosiore serie, pluri-
mis singula a Graecis praecipue uoluminibus tractata.
Nos in iis breuitatem sequemur utilem instituto,
modo nihil necessarium aut naturale omittentes,

(1) primumque dicemus quae restant de pictura, 2
arte quondam nobili — tunc cum expeteretur regi-
bus populisque — et alios nobilitante, quos esset
dignata posteris tradere, nunc uero in totum marmoribus pulsa, iam quidem et auro, nec tantum

LIVRE XXXV

I. Nous venons d'indiquer de façon assez complète quelle était la nature des métaux, sources des richesses, et celle des substances qui s'y rattachent, et nous avons relié entre eux nos sujets de manière à parler en même temps de l'immensité touffue de la médecine, des secrets de fabrique, ainsi que de la minutieuse précision de l'art du ciseleur, du sculpteur et du teinturier. Restent maintenant — et la série en est sans doute encore plus nombreuse — les espèces de terre proprement dite et de pierres, chacune faisant l'objet de fort nombreux volumes, écrits surtout en grec. Mais nous, en ce domaine, nous resterons fidèle à la concision utile à notre dessein, sans toutefois rien omettre qui soit nécessaire ou qui corresponde aux réalités naturelles.

(1) C'est ainsi que nous achèverons d'abord ce qui reste à dire sur la peinture, art illustre jadis[1] — quand il était en vogue auprès des rois et des citoyens — et qui, en outre, rendait célèbres les particuliers qu'il avait jugés dignes de faire passer à la postérité, mais qui, aujourd'hui, s'est vu totalement supplanter par les marbres et en fin de compte également par l'or, au point que non seulement les parois entières en soient couvertes, mais qu'on utilise le marbre découpé et ciselé ou

---

1. Sur l'idée de déclin et le « malaise » de Pline, voir l'analyse de J. Pigeaud, « Se ressembler à soi-même : Pline », in *L'Art et le vivant*. Les notes qui suivent doivent beaucoup à l'édition par J.-M. Croisille du livre XXXV (éd. CUF), ainsi qu'à A. Reinach, *Recueil Millet*, et A. Rouveret, *Histoire et imaginaire de la peinture ancienne*. (*Cf.* Bibliographie.)

ut parietes toti operiantur, uerum et interraso marmore uermiculatisque ad effigies rerum et animalium crustis. Non placent iam abaci nec spatia **3** montes in cubiculo dilatantia : coepimus et lapide pingere. Hoc Claudii principatu inuentum, Neronis uero maculas, quae non essent in crustis, inserendo unitatem uariare, ut ouatus esset Numidicus, ut purpura distingueretur Synnadicus, qualiter illos nasci optassent deliciae. Montium haec subsidia deficientium, nec cessat luxuria id agere, ut quam plurimum incendiis perdat.

II. (2) Imaginum quidem pictura, qua maxime **4** similes in aeuum propagabantur figurae, in totum exoleuit. Aerei ponuntur clipei, argenteae facies, surdo figurarum discrimine ; statuarum capita permutantur, uolgatis iam pridem salibus etiam carminum. Adeo materiam conspici malunt omnes quam se nosci. Et inter haec pinacothecas ueteribus tabulis consuunt alienasque effigies colunt, ipsi honorem non nisi in pretio ducentes, ut frangat heres furisque

2. Contrairement à ce que Pline laisse ici entendre, les incrustations de marbre coloré sur les murs étaient bien antérieures. Voir *HN*, XXXVI, 47, 48 et 51.

3. Voir également Pigeaud, *loc. cit.* Pline écrit à une époque où la tradition du portrait « vériste » est plus vivante que jamais (nombreux exemples sur les parois des cités campaniennes ou provenant d'Égypte). Il semble se contredire : voir § 51.

des plaques incrustées dont le dessin contourné représente objets et animaux[2]. Ce qui plaît, ce ne sont plus les panneaux ni les vastes surfaces qui font pénétrer les montagnes jusque dans une chambre : nous nous sommes mis à peindre même avec la pierre. On a découvert le procédé sous le principat de Claude, tandis que sous Néron on enchâssa dans les plaques des taches qui n'y figuraient pas, de façon à décorer de dessins ovales le marbre de Numidie, à parsemer celui de Synnade de mouchetures pourpres, bref à les rendre tels que les raffinés auraient souhaité qu'ils fussent naturellement. C'est ainsi que l'on supplée à la défaillance des montagnes et le luxe ne cesse de continuer en cette voie, de telle sorte que l'on subisse, s'il y a un incendie, la plus grande perte possible.

II. (2). En tout cas la peinture de portraits, qui permettait de transmettre à travers les âges des représentations parfaitement ressemblantes, est complètement tombée en désuétude[3]. On dédie maintenant des écus de bronze, des effigies d'argent[4], où la distinction entre les traits individuels est ignorée. On change entre elles les têtes des statues[5], et là-dessus courent depuis déjà longtemps des vers satiriques. À tel point que tout le monde préfère attirer les regards sur la matière utilisée plutôt que d'offrir une image de soi reconnaissable. Cependant on tapisse les murs des pinacothèques de tableaux anciens et on vénère les effigies d'étrangers, tandis que pour soi-même seul le prix entre en considération sans doute est-ce pour qu'un héritier brise ces œuvres et que

4. Suivant une coutume qui remonte aux Grecs, et dont Pline, § 12, attribue l'introduction à Rome à Appius Claudius (IVe siècle avant J.-C.).

5. Cf. Tacite, Ann., I, 74, et Suétone, Cal., 22.

detrahat laqueus. Itaque nullius effigie uiuente ima- 5
gines pecuniae, non suas, relinquunt. Iidem palaes-
tras athletarum imaginibus et ceromata sua exor-
nant, Epicuri uoltus per cubicula gestant ac cir-
cumferunt secum. Natali eius sacrificant, feriasque
omni mense uicesima luna custodiunt, quas icadas
uocant, ii maxime qui se ne uiuentes quidem nosci
uolunt. Ita est profecto : artes desidia perdidit, et
quoniam animorum imagines non sunt, negleguntur
etiam corporum. Aliter apud maiores in atriis haec 6
erant, quae spectarentur ; non signa externorum
artificum nec aera aut marmora : expressi cera uul
tus singulis disponebantur armariis, ut essent imagines, quae comitarentur gentilicia funera, semper-
que defuncto aliquo totus aderat familiae eius qui
umquam fuerat populus. Stemmata uero lineis dis-
currebant ad imagines pictas. Tabulina codicibus 7
implebantur et monimentis rerum in magistratu ges-
tarum. Aliae foris et circa limina animorum ingen-
tium imagines erant adfixis hostium spoliis, quae

6. Les peintures de ce type sont rares avant Pline. Mais voir celles
de la « Palestre » de Pompéi.

7. Sur les habitudes des Épicuriens, voir Cicéron, *Fin.*, V, 1, 3 et
II, 31, 101.

8. Le vrai portraitiste, selon Pline, doit faire percevoir l'âme à travers le corps.

le lacet du voleur les subtilise. Aussi, n'étant jamais
représentés sous leurs traits vivants, sont-ce des portraits
de leur argent, et non d'eux-mêmes, qu'ils laissent à la
postérité. Ces mêmes personnes décorent leurs palestres
et leurs salles d'exercice[6] de portraits d'athlètes, ils
exposent dans leurs chambres à coucher et transportent
avec eux l'image d'Épicure[7]. Ils font un sacrifice à son
Anniversaire et chaque mois, le vingtième jour de la
lune, observent la fête qu'ils appellent « icade » : ainsi
agissent tout particulièrement ceux qui ne veulent pas se
laisser reconnaître, même de leur vivant. Oui, c'est bien
vrai : la mollesse a causé la perte des arts et, puisqu'on
ne peut faire le portrait des âmes, on néglige aussi le portrait physique[8]. Il en allait autrement chez nos ancêtres :
dans les atriums, on exposait un genre d'effigies destinées à être contemplées ; non pas des statues dues à des
artistes étrangers ni des bronzes ou des marbres, mais
des masques moulés en cire[9], qui étaient rangés chacun
dans une niche : on avait ainsi des portraits pour faire
cortège aux convois de famille et toujours, quand il
mourait quelqu'un, était présente la foule entière de ses
parents disparus ; et les branches de l'arbre généalogique couraient en tous sens, avec leurs ramifications
linéaires, jusqu'à ces portraits, qui étaient peints. Les
archives familiales étaient remplies de registres et de
recueils consacrés aux actes accomplis dans l'exercice
d'une magistrature. Au dehors et autour du seuil, il y
avait d'autres portraits de ces âmes héroïques, près desquels on fixait les dépouilles prises à l'ennemi[10], sans
qu'il fût permis à un acheteur éventuel de les détacher :
ainsi, même si le propriétaire changeait, subsistait éter-

---

9. Les masques mortuaires de ce type sont attestés chez de nombreux auteurs — de Polybe à Juvénal en passant par Sénèque et Ovide.
10. Pline est le seul auteur latin à signaler la présence de portraits
à côté des trophées.

nec emptori refigere liceret, triumphabantque etiam
dominis mutatis *aeternae* domus. Erat haec stimu-
latio ingens, exprobrantibus tectis cotidie inbellem
dominum intrare in alienum triumphum. Exstat
Messalae oratoris indignatio, quae prohibuit inseri 8
genti suae Lacuinorum alienam imaginem. Similis
causa Messalae seni expressit uolumina illa quae de
familiis condidit, cum Scipionis Pomponiani transis-
set atrium uidissetque adoptione testamentaria
Saluittones — hoc enim fuerat cognomen — Africa-
norum dedecori inrepentes Scipionum nomini. Sed
pace Messalarum dixisse liceat — etiam mentiri cla-
rorum imagines erat aliquis uirtutum amor multoque
honestius quam mereri ne quis suas expeteret.

Non est praetereundum et nouicium inuentum, 9
siquidem non ex auro argentoue, at certe ex aere
in bibliothecis dicantur illis, quorum immortales
animae in locis iisdem loquuntur, quin immo etiam
quae non sunt finguntur, pariuntque desideria non

11. M. Valerius Messalla Corvinus, dit l'orateur (-64/+8).
12. Branche de la *gens Valeria*.
13. M. Valerius Messalla Rufus, dit l'ancien (consul en -53).

nellement le souvenir des triomphes qu'avait connus la
màison. C'était là un puissant stimulant, car les parois
mêmes de la demeure reprochaient chaque jour à un propriétaire pusillanime son intrusion dans le triomphe
d'autrui. On conserve un discours plein d'indignation de
Messala l'orateur[11] où il interdisait d'introduire parmi
les membres de sa famille le portrait d'un étranger
appartenant à celle des Laevini[12]. Une raison semblable
provoqua, de la part de Messala l'ancien[13], la publication de ces fameux livres qu'il a composés « Sur les
familles » : car, traversant l'atrium de Scipion Pompo-
nianus, il avait vu que les Salvittones[14] — tel était, en
effet, leur surnom — accolaient, à la faveur d'une adop-
tion testamentaire, leur nom à celui des Scipions et cela
à la honte des Africains. Mais — que les Messala me
pardonnent de le dire — même le fait d'usurper les portraits d'hommes illustres était un témoignage réel
d'amour pour leurs vertus, et c'était bien plus honorable
que de se conduire de telle sorte que personne ne cher-
chât à s'approprier nos portraits à nous.

On ne doit pas non plus passer sous silence une
invention récente, puisqu'on a coutume de dédier, dans
les bibliothèques[15], des effigies, sinon en or ou en
argent, du moins en bronze, en l'honneur de ceux dont
les âmes immortelles nous parlent en ces endroits pré-
cis ; bien plus, on se représente par l'imagination ceux
dont on n'a pas de portrait et, par l'effet des regrets que
l'on en éprouve, on prête des traits à ceux dont la tradi-

14. D'après Suétone et Plutarque, branche méprisée de la *gens
Cornelia*.
15. De très nombreuses bibliothèques étaient ainsi décorées : Bibl.
d'Apollon Palatin, Bibl. d'Asinius Pollion, Bibl. du Portique
d'Octavie.

traditos uultus, sicut in Homero euenit. Quo maius, ut equidem arbitror, nullum est felicitatis specimen 10 quam semper omnes scire cupere, qualis fuerit aliquis. Asini Pollionis hoc Romae inuentum, qui primus bibliothecam dicando ingenia hominum rem publicam fecit. An priores coeperint Alexandreae et Pergami reges, qui bibliothecas magno certamine instituere, non facile dixerim. Imaginum amorem 11 flagrasse quondam testes sunt Atticus ille Ciceronis edito de iis uolumine, M. Varro benignissimo inuento insertis uoluminum suorum fecunditati *etiam* septingentorum inlustrium aliquo modo imaginibus, non passus intercidere figuras aut uetustatem aeui contra homines ualere, inuentor muneris etiam dis inuidiosi, quando immortalitatem non solum dedit, uerum etiam in omnes terras misit, ut praesentes esse ubique ceu di possent. Et hoc quidem alienis ille praestitit.

III. (3) Verum clupeos in sacro uel publico 12

tion ne nous a pas transmis la ressemblance, comme cela s'est produit pour Homère. Ainsi, à mon avis personnel, il n'est pas de plus grande preuve de réussite pour un individu que celle-ci : voir tout le monde avide de connaître quel aspect il a présenté. À Rome, l'invention remonte à Asinius Pollion qui, en fondant le premier une bibliothèque, fit des génies que l'humanité a connus une propriété publique. Fut-il précédé dans cette innovation par les rois d'Alexandrie et de Pergame qui rivalisaient à qui mieux mieux pour créer des bibliothèques, je ne saurais le dire sans conteste[16]. Qu'un goût ardent pour les portraits ait existé jadis, on en a pour témoins le fameux Atticus, ami de Cicéron, qui publia un ouvrage sur le sujet[17] et M. Varron qui eut une idée très noble et trouva le moyen d'insérer dans ses ouvrages, particulièrement abondants, jusqu'à sept cents portraits de personnages célèbres[18] : ainsi il ne permit pas que leurs effigies disparussent ni que l'usure du temps l'emportât sur l'homme, et son invention fut bénéfique au point de susciter la jalousie des dieux eux-mêmes, puisque non seulement il a conféré à certains l'immortalité, mais il les a également fait connaître par toute la terre, de sorte qu'ils fussent, comme les dieux, partout présents. Et cet avantage, il en fit bénéficier des gens qui ne lui étaient pas parents.

III. (**3**) Mais le premier à consacrer à titre privé des

---

16. Pollion, né en 76 av. J.-C. Ami et protecteur de Virgile, il fut aussi un orateur et historien réputé pour son anticonformisme. Pline, *HN*, XXXVI, 23 et 33 précise que la bibliothèque fondée dans l'Atrium Libertatis (la première à Rome ?) contenait aussi des œuvres d'art suivant une pratique probablement empruntée à des exemples hellénistiques (Pergame ?).

17. Cornelius Nepos, *Att.*, 18, parle d'épigraphes devant figurer sous les effigies des grands personnages.

18. Allusion aux *Imagines*, ou *Hebdomades*, en 15 livres de Varron, avec 700 portraits regroupés par 7.

dicare priuatim primus instituit, ut reperio, Appius
Claudius qui consul cum P. Seruilio fuit anno urbis
CCLVIIII. Posuit enim in Bellonae aede maiores
suos, placuitque in excelso spectari in titulos hono-
rum legi, decora res, utique si liberum turba paruu-
lis imaginibus ceu nidum aliquem subolis pariter
ostendat, quales clupeos nemo non gaudens fauens-
que aspicit.

IV. Post eum M. Aemilius collega in consulatu **13**
Quinti Lutatii non in basilica modo Aemilia, uerum
et domi suae posuit, id quoque Martio exemplo.
Scutis enim, qualibus apud Troiam pugnatum est,
continebantur imagines, unde et nomen habuere
clupeorum, non, ut peruersa grammaticorum suptilitas uoluit, a cluendo. Origo plena uirtutis, faciem
reddi in scuto cuiusque, qui fuerit usus illo. Poeni **14**
ex auro factitauere et clupeos et imagines secumque
in castris uexere. Certe captis talem Hasdrubalis
inuenit Marcius, Scipionum in Hispania ultor, isque
clupeus supra fores Capitolinae aedis usque ad
incendium primum fuit. Maiorum quidem nostrorum
tanta securitas in ea re adnotatur, ut L. Manlio

19. Erreur de Pline. Il y a bien un Appius Claudius consul avec
P. Servilius en - 495, mais la date est trop reculée.

20. Temple voué par Appius Claudius Caecus (consul en - 307 et
en - 296) lors de son second consulat.

21. Basilique située sur le côté nord du Forum, fondée en 179 av.
J.-C. par les censeurs M. Fulvius Nobilior et M. Æmilius Lepidus. En
78 av. J.-C., quand Æmilius la décore de portraits de ses ancêtres, elle
s'appelle Æmilia.

écus en un lieu sacré ou public fut, d'après mes renseignements, Appius Claudius qui fut consul avec P.
Servilius en l'an 259 de Rome[19]. Il plaça en effet ses
ancêtres dans le temple de Bellone[20] et décida de les
offrir aux regards en un emplacement élevé, avec les
intitulés de leurs charges honorifiques destinés à être
lus : spectacle magnifique, surtout si une foule d'enfants, représentés en portraits miniatures, les accom-
pagne, révélant l'existence d'une sorte de couvée de
rejetons ; il n'est alors personne qui contemple de semblables écus sans plaisir et approbation.

IV. Après lui, M. Aemilius, qui géra le consulat en
même temps que Q. Lutatius, plaça des écus non seulement dans la basilique Aemilia[21], mais aussi dans sa
propre demeure, s'inspirant là également d'un usage
militaire. En effet les portraits se trouvaient sur des bou-
cliers semblables à ceux qui servirent à combattre
devant Troie ; c'est de là qu'ils ont tiré leur nom de *clu-
pei*, et non pas, comme l'a voulu une subtilité mal placée de grammairien, de *cluere*[22]. Voilà bien une étymologie qui correspond pleinement à la valeur guerrière :
reproduire sur le bouclier de chacun les traits de celui
qui s'en est servi. Les Carthaginois eurent coutume de
fabriquer en or écus et portraits et de les transporter avec
eux dans leurs camps : c'est en tout cas lors de la prise
de l'un d'eux que Marcius, le vengeur des Scipions en
Espagne[23], trouva un écu de ce genre, appartenant à
Hasdrubal[24], et ce trophée demeura au-dessus du portail
du temple du Capitole jusqu'au premier incendie. Nos
ancêtres, il est vrai, avaient à cet égard si peu de souci
que, sous le consulat de L. Manlius et de Q. Fulvius, en

---

22. Problème étymologique discuté par les grammairiens
antiques, *cluere* signifiant « être célébré » et *clupeus* ou *clipeus*, bouclier.

23. Pline s'inspire ici de Tite-Live, XXV, 39.

24. On n'en connaît cependant aucune trace dans l'art punique.

Q. Fuluio cos. anno urbis DLXXV M. Aufidius
tutelae Capitolio redemptor docuerit patres argen-
teos esse clupeos, qui pro aereis per aliquot iam
lustra adsignabantur.

V. De picturae initiis incerta nec instituti operis 15
quaestio est. Aegyptii sex milibus annorum aput
ipsos inuentam, priusquam in Graeciam transiret,
adfirmant, uana praedicatione, ut palam est ;
Graeci autem alii Sicyone, alii aput Corinthios
repertam, omnes umbra hominis lineis circumducta,
itaque primam talem, secundam singulis coloribus
et monochromaton dictam, postquam operosior
inuenta erat, duratque talis etiam nunc. Inuentam 16
liniarem a Philocle Aegyptio uel Cleanthe Corinthio
primi exercuere Aridices Corinthius et Telephanes
Sicyonius, sine ullo etiamnum hi colore, iam tamen
spargentes linias intus. Ideo et quos pingerent
adscribere institutum. Primus inleuit eas colore
testae, ut ferunt, tritae Ecphantus Corinthius.

25. Sans doute une erreur de Pline sur la nature des *clipei* retirés
du temple en - 179.

26. Pline fait sien un préjugé grec fallacieux. *Cf.* Reinach, p. 62,.

27. Les rapports chronologiques entre les deux écoles demeurent
controversés.

28. Sans doute une allusion de Pline aux peintures sur marbre en
un seul ton dont on a retrouvé six exemplaires à Herculanum. L'un est
signé Alexandros d'Athènes.

l'an de Rome 575, M. Aufidius, qui avait pris à ferme la
garde du Capitole, informa les sénateurs que des écus,
répertoriés depuis déjà quelques lustres comme faits en
bronze, étaient en argent[25].

V. La question des origines de la peinture est obs-
cure et n'entre pas dans le plan de cet ouvrage Les Égyptiens déclarent qu'elle a été inventée chez eux six mille
ans avant de passer en Grèce : vaine prétention, c'est
bien évident[26]. Quant aux Grecs, les uns disent que le
principe en a été découvert à Sicyone, les autres à
Corinthe, et tous reconnaissent qu'il a consisté à tracer,
grâce à des lignes, le contour d'une ombre humaine[27] :
ce fut donc là, selon eux, la première étape ; dans la
seconde, on employa les couleurs une par une, d'où le
nom de *monochrome*[28] usité quand on eut trouvé un procédé plus complexe, et cette méthode est encore en
usage aujourd'hui. L'invention du dessin au trait remonte à Philoclès l'Égyptien[29] ou à Cléanthe de Corinthe[30] ;
mais les premiers à le pratiquer furent Aridicès de
Corinthe et Téléphanès de Sicyone, sans se servir encore d'aucune couleur : ils se mirent toutefois à parsemer
de traits la surface à l'intérieur des contours et prirent
ainsi l'habitude d'écrire à côté de leur œuvre le nom des
personnages qu'ils voulaient peindre[31]. Le premier à
colorier ces silhouettes en utilisant, dit-on, des tessons
d'argiles broyés fut Ecphantus[32] de Corinthe. Nous

29. Milieu du VIIe siècle av. J.-C., peut-être originaire de Naukra-
tis ; on lui prête une influence sur la mode des sarcophages peints.
    30. Peintre également connu par Strabon, VIII, 3, 12, auquel on
attribue une *Naissance d'Athéna*.
    31. On ne connaît pas d'autre mention de ces peintres. Sur les
vases à figures noires, précise Reinach, les noms des personnages sont
souvent écrits dans le champ. Les traits obligèrent à les écrire à côté
des figures, non plus à l'intérieur.
    32. Peintre à l'identification incertaine.

Hunc eodem nomine alium fuisse quam tradit Cornelius Nepos secutum in Italiam Damaratum, Tar-
quinii Prisci regis Romani patrem, fugientem a
Corintho tyranni iniurias Cypseli, mox docebimus.

VI. Iam enim absoluta erat pictura etiam in Ita- 17
lia. Exstant certe hodieque antiquiores urbe picturae Ardeae in aedibus sacris, quibus equidem nullas
aeque miror, tam longo aeuo durantes in orbitate
tecti ueluti recentes. Similiter Lanuui, ubi Atalante
et Helena comminus pictae sunt nudae ab eodem
artifice, utraque excellentissima forma, sed altera ut
uirgo, ne ruinis quidem templi concussae. Gaius prin- 18
ceps tollere eas conatus est libidine accensus, si tectorii natura permisisset. Durant et Caere antiquiores et ipsae, fatebiturque quisquis eas diligenter
aestimauerit nullam artium celerius consummatam,
cum Iliacis temporibus non fuisse eam appareat.

VII. (4) Apud Romanos quoque honos mature 19
huic arti contigit, siquidem cognomina ex ea Pic-

<hr />

33. Cf. Cornelius Nepos, fragm. 35. Reinach, p. 65, n. 9.
34. Temple décoré par un certain M. Plautius. Œuvres datables du
VIe siècle av. J.-C.

montrerons bientôt que ce dernier, quoique portant le
même nom, était différent de celui dont Cornélius Népos
dit qu'il suivit en Italie Damaratus, père de Tarquin
l'Ancien, roi de Rome, lorsqu'il fuyait Corinthe pour
échapper à l'arbitraire du tyran Cypsélos[33].

VI. En fait la peinture avait déjà atteint à l'époque un
haut degré de perfection même en Italie. On sait qu'il
subsiste encore de nos jours à Ardée[34] dans des sanc-
tuaires des peintures plus vieilles que la cité de Rome et
qui suscitent, plus que nulle autre, mon admiration personnelle : après une période aussi longue, elles demeurent comme exécutées depuis peu, sans être pourtant
nullement protégées. Il en est de même à Lanuvium, où
Atalante et Hélène ont été peintes nues côte à côte par un
unique artiste[35] : toutes deux sont d'une parfaite beauté,
mais dans la première on reconnaît une vierge ; malgré
la ruine du temple, elles n'ont subi aucun dommage.
L'empereur Caligula, qui en était épris, essaya de les
détacher, ce qui eût été fait si la nature du support l'avait
permis. On conserve également à Caere des peintures
encore plus vieilles et quiconque les soumettra à un exa-
men diligent avouera qu'aucun art n'est parvenu plus
vite à son accomplissement, puisqu'il est évident qu'il
n'existait pas au temps de l'Iliade[36].

VII. (4) Chez les Romains également cet art reçut de
bonne heure ses lettres de noblesse, puisque les Fabii,

---

35. A. Rouveret doute que la représentation d'Atalante et
d'Hélène entièrement nues soit concevable dans des peintures aussi
anciennes. Ce type de peinture remonterait au IVe siècle.

36. De fait, il n'y a aucune allusion à la peinture chez Homère.

torum traxerunt Fabii clarissimae gentis, princeps-
que eius cognominis ipse aedem Salutis pinxit anno
urbis conditae CCCCL, quae pictura durauit ad
nostram memoriam aede ea Claudi principatu
exusta. Proxime celebrata est in foro boario aede
Herculis Pacui poetae pictura. Enni sorore genitus
hic fuit clarioremque artem eam Romae fecit gloria scaenae. Postea non est spectata honestis mani- 20
bus, nisi forte quis Turpilium equitem Romanum e
Venetia nostrae aetatis uelit referre, pulchris eius
operibus hodieque Veronae exstantibus. Laeua is
manu pinxit, quod de nullo ante memoratur. Paruis
gloriabatur tabellis extinctus nuper in longa senecta
Titedius Labeo praetorius, etiam proconsulatu
prouinciae Narbonensis functus, sed ea res inrisa
etiam contumeliae erat. Fuit et principum uirorum 21

37. Membre de l'aristocratie romaine, auteur des fresques réali-
sées en - 303 dans le temple de Salus.
38. Temple dédié en - 311 par C. Iunius Bubulcus, vainqueur des
guerres samnites, et consacré en - 303.

appartenant à une très illustre famille, en tirèrent leur surnom de Pictor[37] et le premier à porter ce surnom peignit lui-même le temple de Salus[38] en l'an 450 de Rome : sa peinture a subsisté jusqu'à nos jours, le temple ayant brûlé sous le principat de Claude. Peu après, une grande renommée s'attacha à une peinture du poète Pacuvius figurant dans le temple d'Hercule sur Le Forum boarium[39]. Pacuvius était fils de la sœur d'Ennius et la gloire qu'il avait acquise comme auteur dramatique donna plus d'éclat à Rome à l'art pictural. Ensuite cet art ne fut plus considéré comme digne de la main des gens de qualité, à moins que, d'aventure, on ne veuille mentionner Turpilius, chevalier romain natif de Vénétie et notre contemporain, dont on conserve encore aujourd'hui de beaux ouvrages à Vérone. Il peignait de la main gauche, ce dont on ne connaît pas d'exemple avant lui. Titedius Labeo, ancien prêteur qui avait même géré le pro-consulat de la province de Narbonnaise, mort récemment à un âge très avancé, tirait vanité des petits tableaux qu'il exécutait, mais c'était là objet de dérision et même cela faisait tort à sa réputation. Certains personnages de premier rang formulèrent aussi un avis

39. Temple rond situé près de l'*Ara maxima*. Pacuvius (-220/-130, auteur de tragédies), d'origine osque, est l'auteur d'une *praetexta*, probablement sur la bataille de Pydna.

non omittendum de pictura celebre consilium, cum
Q. Pedius, nepos Q. Pedii consularis triumphalisque
et a Caesare dictatore coheredis Augusto dati, natura
mutus esset. In eo Messala orator, ex cuius familia
pueri auia fuerat, picturam docendum censuit, idque
etiam diuus Augustus comprobauit ; puer magni
profectus in ea arte obiit. Dignatio autem praeci- **22**
pua Romae increuit, ut existimo, a *M'*. Valerio
Maximo Messala, qui princeps tabulam pictam proe-
lii, quo Carthaginienses et Hieronem in Sicilia uice-
rat, proposuit in latere curiae Hostiliae anno ab
urbe condita CCCCXC. Fecit hoc idem et L. Scipio
tabulamque uictoriae suae Asiaticae in Capitolio
posuit, idque aegre tulisse fratrem Africanum tradunt, haut inmerito, quando filius eius illo proelio
captus fuerat. Non dissimilem offensionem et Aemi- **23**
liani subiit L. Hostilius Mancinus, qui primus Cartha-
ginem inruperat, situm eius oppugnationesque depic-

---

40. Seule son infirmité pouvait justifier qu'on lui enseignât la
peinture.
41. M. Valerius Messala Coruinus (-64/+8), orateur, également
connu pour sa poésie et ses qualités d'administrateur et de chef militaire.

demeuré célèbre sur l'art pictural, avis que je ne saurais passer sous silence : ce fut à propos de Q. Pedius, petit-fils de Q. Pedius, ancien consul honoré du triomphe et donné comme cohéritier à Auguste par César, une fois dictateur ; l'enfant était muet de naissance[40] : l'orateur Messala[41], à la famille de qui appartenait son aïeule, fut d'avis de lui enseigner la peinture et le divin Auguste lui donna même son approbation ; l'enfant avait fait de grands progrès dans cet art lorsqu'il mourut. Mais le prix attaché à la peinture s'accrut principalement, à mon sens, grâce à Manius Valerius Maximus Messala[42] qui, le premier, en l'an 490 de Rome, exposa, sur une paroi latérale de la Curia Hostilia, un tableau représentant le combat qu'il avait remporté en Sicile sur les Carthaginois et Hiéron. L. Scipio[43], lui aussi, fit de même et présenta au Capitole le tableau de sa victoire asiatique, ce dont son frère l'Africain conçut quelque amertume, et à juste titre, puisque son fils avait été fait prisonnier dans le combat en question. Émilien également éprouva un semblable ressentiment à l'égard de L. Hostilius Mancinus : celui-ci, qui avait été le premier à mettre le pied dans Carthage, exposa en effet sur le

42. Consul en - 263, il doit son *cognomen* à la prise de Messine la même année.
43. Frère de Scipion l'Africain, P. Scipio Cornelius Asiaticus triompha en - 189.

tas proponendo in foro et ipse adsistens populo spec-
tanti singula enarrando, qua comitate proximis
comitiis consulatum adeptus est. Habuit et scaena
ludis Claudii Pulchri magnam admirationem picturae, cum ad tegularum similitudinem corui decepti
imagine aduolarent.

VIII. Tabulis autem externis auctoritatem Romae 24
publice fecit primus omnium L. Mummius, cui cognomen Achaici uictoria dedit. Namque cum in praeda
uendenda rex Attalus X | *VI* | emisset tabulam Aristi-
dis, Liberum patrem, pretium miratus suspicatusque
aliquid in ea uirtutis, quod ipse nesciret, reuocauit
tabulam, Attalo multum querente, et in Cereris
delubro posuit, quam primam arbitror picturam
externam Romae publicatam. Deinde uideo et in
foro positas uolgo. Hinc enim ille Crassi oratoris 25
lepos agentis sub Veteribus ; cum testis compellatus
instaret : dic ergo, Crasse, qualem me noris ? talem,
inquit, ostendens in tabula inficetissime Gallum
exerentem linguam. In foro fuit et illa pastoris senis

---

44. Édifiée par Scaurus en - 58. Dans le théâtre romain, la *scaenae frons* est le fond du bâtiment de scène en forme de façade monu-
mentale.

45. Questeur urbain, édile en - 99, préteur en - 89 et consul en
- 79. Il fit donner des jeux somptueux au cours de son édilité curule.
Cf. Valère Maxime, II, 4,6.

46. Voir § 65, 66 et 155.

forum une peinture reproduisant le plan de la cité et les phases du siège ; il était lui-même assis à côté et expliquait chaque détail à la foule des spectateurs, complaisance qui lui permit d'obtenir le consulat aux comices suivants. Il y eut également un décor de scène[44], aux jeux donnés par Claudius Pulcher[45], dont les peintures suscitèrent une grande admiration : de fait, des corbeaux, trompés par l'illusion, tentèrent de se poser sur des tuiles bien imitées[46].

VIII. Mais le premier à Rome à conférer une valeur officielle à des tableaux étrangers fut L. Mummius à qui sa victoire valut le surnom d' « Achaïque ». En effet, lors de la mise en ventes du butin, le roi Attale avait acheté 600 000 deniers un tableau d'Aristide, représentant Liber Pater[47] : là-dessus Mummius, surpris de la somme et soupçonnant qu'il y avait dans l'œuvre quelque vertu qui lui échappait, fit récupérer le tableau, malgré les vigoureuses protestations d'Attale, et l'exposa dans le sanctuaire de Cérès : ce fut, à mon avis, la première peinture étrangère présentée au public à Rome. Ensuite, d'après mes renseignements, on prit l'habitude d'en exposer aussi sur le Forum. D'où ce trait de Crassus l'orateur[48], plaidant près des Vieilles Boutiques : un témoin cité l'attaquait en ces termes : « Dis-donc, Crassus, pour quel genre d'homme me prends-tu ? » « — Pour ce genre d'individu », répondit-il, en montrant un tableau où l'on voyait un Gaulois tirant très vilainement la langue[49]. Il y avait aussi sur le forum le fameux tableau du vieux berger avec son bâton, à propos duquel

47. Pline est ici approximatif ; il n'y eut pas de vente aux enchères, et Attale II était représenté par Philopoemen qui offrit 100 talents pour que le tableau d'Aristide fût attribué à Attale. Voir n. 165.

48. Erreur de Pline, Cicéron et Quintilien s'accordant pour attribuer le trait à C. Iulius Caesar Strabo Vopiscus.

49. Selon Croisille (éd. CUF), le Gaulois tirant la langue a une valeur apotropaïque, non ironique.

cum baculo, de qua Teutonorum legatus respondit
interrogatus, quantine eum aestimaret, donari sibi
nolle talem uiuum uerumque.

IX. Sed praecipuam auctoritatem publice tabulis 26
fecit Caesar dictator Aiace et Media ante Veneris
Genetricis aedem dicatis, post eum M. Agrippa, uir
rusticitati propior quam deliciis. Exstat certe eius
oratio magnifica et maximo ciuium digna de tabulis
omnibus signisque publicandis, quod fieri satius
fuisset quam in uillarum exilia pelli. Verum eadem
illa toruitas tabulas duas Aiacis et Veneris mercata
est a Cyzicenis *IIS* |*XII*| ; in thermarum quoque
calidissima parte marmoribus incluserat paruas
tabellas, paulo ante, cum reficerentur, sublatas.

X. Super omnes diuus Augustus in foro suo cele- 27
berrima in parte posuit tabulas duas, quae Belli
faciem pictam habent et Triumphum, item Castores
ac Victoriam. Posuit et quas dicemus sub artificum
mentione in templo Caesaris patris. Idem in curia
quoque, quam comitio consecrabat, duas tabulas

---

50. Tableaux d'un certain Timomaque, créateur du IVe siècle avant
J.-C. ou peintre de l'époque Césarienne. Il s'agirait donc d'un anachronisme de Pline. Voir § 136.

un ambassadeur teuton, à qui l'on demandait à quel prix il l'évaluait, répondit qu'il ne voudrait même pas recevoir en cadeau l'original en chair et en os.

IX. Mais celui qui fut le principal artisan de la renommée officielle attribuée à des tableaux fut César, une fois dictateur : il dédia l'Ajax et la Médée[50] devant le sanctuaire de Vénus Génétrix ; après lui, il y eut M. Agrippa, personnage aux goûts rustiques plus que raffinés. En tout cas, on conserve de ce dernier un discours magnifique et digne du plus grand des citoyens, selon lequel il fallait verser dans le domaine public tous les tableaux et toutes les statues, ce qui eût été bien préférable à leur envoi en exil dans des maisons de campagne. Ce même esprit sourcilleux n'en acheta pas moins aux habitants de Cyzique deux tableaux, un Ajax et une Vénus, pour 1 200 000 sesterces ; dans la salle la plus chaude de ses thermes, il avait également fait encastrer à l'intérieur du revêtement de marbre des petits tableaux que l'on a enlevés depuis peu, au moment de la réfection de l'édifice.

X. Mais Le divin Auguste surpassa tout le monde : il fit placer dans la partie la plus fréquentée de son forum deux tableaux qui représentent les effigies de la Guerre et du Triomphe, ainsi que les Dioscures et la Victoire[51]. Il fit également placer dans le temple de son père César des œuvres dont nous parlerons dans l'énumération des artistes[52]. C'est encore lui qui, dans la curie qu'il lui appartenait de consacrer sur le comitium[53], fit encastrer

---

51. Il s'agit de tableaux d'Apelle. Voir § 93.
52. Voir § 91. Il s'agit de l'Aphrodite Anadyomène de Cos, œuvre très célèbre d'Apelle.
53. Place qui s'étend devant la curie.

inpressit parieti. Nemean sedentem supra leonem,
palmigeram ipsam, adstante cum baculo sene, cuius
supra caput tabella bigae dependet, Nicias scripsit
se inussisse ; tali enim usus est uerbo. Alterius tabu- 28
lae admiratio est puberem filium seni patri similem
esse aetatis salua differentia, superuolante aquila
draconem complexa ; Philochares hoc suum opus esse
testatus est : inmensam, uel unam si tantum hanc
tabulam aliquis aestimet, potentiam artis, cum propter Philocharem ignobilissimos alioqui Glaucionem
filiumque eius Aristippum senatus populi Romani
tot saeculis spectet ! Posuit et Tiberius Caesar,
minime comis imperator, in templo ipsius Augusti
quas mox indicabimus. Hactenus dictum sit de digni-
tate artis morientis.

    XI. (5) Quibus coloribus singulis primi pinxissent 29
diximus, cum de iis pigmentis traderemus in metallis,
quae monochromata a genere picturae uocantur. Qui

    54. Voir § 130.

    55. C'est-à-dire un char à deux chevaux, symbole de victoire.

    56. Voir § 130.

    57. Frère aîné d'Eschine, né vers 400, il se distingua au gymnase
et par les armes. Démosthène prétend qu'il peignait des coffrets et des
tambourins. Voir Reinach, p. 302.

deux tableaux dans une paroi : Némée[54] assise sur un lion, une palme à la main, tandis qu'un vieillard porteur d'un bâton se tient près d'elle ; au-dessus de la tête du vieux pend un petit cadre sur lequel figure un bige[55] ; Nicias, dans une inscription, dit avoir peint l'ensemble à l'encaustique[56] : telle est en effet son expression. Le second tableau a ceci d'admirable qu'il représente la ressemblance d'un fils adolescent avec son père déjà vieux, tout en respectant la différence d'âge ; au-dessus plane un aigle tenant un serpent dans ses serres. Philocharès[57] a signé cette œuvre comme sienne : quel pouvoir immense — même si l'on ne considère que ce seul tableau — possède l'art, puisque, grâce à Philocharès, le sénat du peuple romain contemple depuis tant de siècles Glaucion et son fils Aristippe[58], personnages par ailleurs tout à fait obscurs ! À son tour, l'empereur Tibère — un prince des moins avenants — fit placer dans le temple d'Auguste lui-même des tableaux dont nous parlerons bientôt. Mais restons-en là sur les lettres de noblesse d'un art expirant[59].

XI. (5) Quelles furent les couleurs utilisées séparément par les premiers peintres, nous l'avons dit quand nous traitions de ces sortes de pigments à propos des métaux : les œuvres de ce genre s'appellent mono-

---

58. Il faut en déduire que le tableau était signé par Philocharès, le nom des deux personnages étant peint sur le tableau. Le sens du tableau demeure obscur. Voir Reinach, p. 301.

59. Pline vise la peinture de l'époque néronienne et flavienne.

deinde et quae inuenerint et quibus temporibus,
dicemus in mentione artificum, quoniam indicare
naturas colorum prior causa operis instituti est.
Tandem se ars ipsa distinxit et inuenit lumen atque
umbras, differentia colorum alterna uice sese exci-
tante. Postea deinde adiectus est splendor, alius hic
quam lumen. Quod inter haec et umbras esset, appel-
larunt tonon, commissuras uero colorum et transitus harmogen.

XII. (6) Sunt autem colores austeri aut floridi. 30
Vtrumque natura aut mixtura euenit. Floridi sunt
— quos dominus *p*ingenti praestat — minium, Armenium, cinnabaris, chrysocolla, Indicum, purpurissum ; ceteri austeri. Ex omnibus alii nascuntur, alii
fiunt. Nascuntur Sinopis, rubrica, Paraetonium,
Melinum, Eretria, auripigmentum ; ceteri finguntur, primumque quos in metallis diximus, praeterea
e uilioribus ochra, cerussa, usta, sandaraca, sandyx,
Syricum, atramentum.

XIII. Sinopis inuenta primum in Ponto est ; inde 31
nomen a Sinope urbe. Nascitur et in Aegypto, Balia-

---

60. Voir *HN*, XXXIII, 117.
61. Sur la vingtaine de couleurs utilisées à l'époque de Pline, voir
Appendice et Reinach, p. 9 *sq*.

chromes[60], d'après l'espèce de peinture à laquelle elles appartiennent. Quels furent ensuite les innovateurs, avec la nature et la date de leurs inventions, nous le dirons quand nous parlerons des artistes, car le plan de l'ouvrage que nous avons entrepris exige d'abord que nous fassions mention de la nature des couleurs. L'art finit par acquérir sa propre autonomie et découvrit la lumière et les ombres, le contraste entre les couleurs étant réciproquement souligné par leur juxtaposition. Ensuite vint s'ajouter l'éclat, qu'il faut distinguer ici de la lumière. L'opposition entre ces valeurs lumineuses et les ombres fut appelée *tonos* (tension) ; quant à la juxtaposition des couleurs et au passage de l'une à l'autre, on leur donna le nom d'*harmogè* (harmonisation).

XII. (6) Il y a des couleurs austères, d'autres éclatantes[61]. Elles possèdent l'une ou l'autre qualité soit par nature, soit grâce à un mélange. Les couleurs éclatantes — que le peintre reçoit de son commanditaire — sont le *minium*, l'*armenium*, le cinabre, la chrysocolle, l'indigo, le *purpurissum* ; toutes les autres sont austères. Quelle que soit leur catégorie, les unes sont naturelles, les autres artificielles. Sont naturelles la *sinopis*, la rubrique, le *paraetonium*, le *melinum*, l'érétrie, l'orpiment ; toutes les autres sont fabriquées : tout d'abord celles que nous avons mentionnées à propos des métaux, et puis, parmi les couleurs plus communes, l'ocre, la céruse, la céruse brûlée, la sandaraque, la *sandyx*, le *syricum* et l'*atramentum*.

XIII. La *sinopis* a été découverte pour la première fois dans le Pont ; d'où son nom, tiré de la ville de Sinope[62]. Il s'en trouve aussi à l'état naturel en Égypte,

62. Ocre-rouge dont le composant principal est l'hématite ou oxyde ferrique. Le nom vient de la ville de Sinope, sur la côte sud de la mer Noire, lieu d'exportation du minerai.

ribus, Africa, sed optima in Lemno et in Cappadocia,
effossa e speluncis. Pars, quae saxis adhaesit, excel-
lit. Glaebis suus colos extra maculosus. Hac usi sunt
ueteres ad splendorem. Species Sinopidis tres : rubra
et minus rubens atque inter has media. Pretium
optimae X II, usus ad penicillum aut si lignum colo-
rare libeat ; eius, quae ex Africa uenit, octoni asses — 32
cicerculum appellant ; magis ceteris rubet, utilior
abacis. Idem pretium et eius, quae pressior uocatur,
et est maxime fusca. Vsus ad bases abacorum, in
medicina uero blandus... emplastrisque et malagma-
tis, siue sicca compositione siue liquida facilis, contra
ulcera in umore sita, uelut oris, sedis. Aluum sistit
infusa, feminarum profluuia pota denarii pondere.
Eadem adusta siccat scabritias oculorum, e uino
maxime.

XIV. Rubricae genus in ea uolucre intellegi qui- 33
dam secundae auctoritatis, palmam enim Lemniae
dabant. Minio proxima haec est, multum antiquis

---

63. Étymologiquement, « petit pois chiche ». Il s'agit d'un ocre
brun foncé.

64. Le mot *abacus* a plusieurs sens : il peut désigner des dressoirs
et des buffets ou, comme ici, des panneaux muraux.

65. Voir *HN*, XXXIII, 159. Il s'agit d'une teinte jaune.

66. Sans doute des socles peints.

dans les îles Baléares et en Afrique, mais la meilleure est celle qu'à Lemnos et en Cappadoce on extrait de cavernes : la partie la plus appréciée est celle qui adhère aux rochers. Les blocs en sont colorés dans la masse, mais l'extérieur est tacheté. Les anciens l'ont utilisée pour donner de l'éclat. Il y a trois espèces de *sinopis* : rouge, rouge pâle et intermédiaire. La meilleure coûte deux deniers la livre ; on s'en sert pour peindre au pinceau ou si l'on veut colorer le bois ; celle qui vient d'Afrique coûte huit as la livre : on l'appelle *cicerculum*[63] ; elle est d'un rouge plus intense que les autres et on s'en sert principalement pour les panneaux[64]. Coûte également le même prix celle que l'on appelle *pressior*[65] : elle est tout à fait sombre. On l'emploie pour les soubassements des panneaux[66] ; d'autre part en médecine elle est adoucissante et s'utilise facilement en[67]... emplâtres et onguents — que les préparations soient sèches ou liquides — contre les ulcérations au niveau des muqueuses, comme à la bouche ou à l'anus. En lavement elle arrête la diarrhée ; en potion, à la dose d'un denier, elle interrompt les pertes chez les femmes. Brûlée et appliquée de préférence dans du vin, elle dessèche les granulations des yeux.

XIV. Certains ont prétendu connaître dans la *sinopis* une espèce de rubrique[68] de seconde qualité, car ils donnaient la palme à la rubrique de Lemnos. Celle-ci est très proche du minium et elle a été très en vogue dans l'Antiquité, en même temps que l'île qui la produit. On ne la mettait en vente que cachetée, d'où le nom de *sphragis*[69] qu'on lui a également donné. On l'utilise en

67. Lacune dans l'original.
68. Rubrique, nom générique d'une terre rouge épaisse. La *sinopis* fait ainsi partie des *rubricae*.
69. Très probablement un ocre-rouge de même nature que la *rubrica*.

celebrata cum insula in qua nascitur. Nec nisi signata
uenumdabatur, unde et sphragidem appellauere. Hac 34
minium sublinunt adulterantque. In medicina prae-
clara res habetur. Epiphoras enim oculorum mitigat
ac dolores circumlita et *aegilopia* manare prohibet,
sanguinem reicientibus ex aceto datur bibenda.
Bibitur et contra lienum reniumque uitia et purgationes feminarum, item et contra uenena et serpen-
tium ictus terrestrium marinorumque, omnibus ideo
antidotis familiaris.

XV. E reliquis rubricae generibus fabris utilissima 35
Aegyptia et Africana, quoniam maxime sorbentur
tectoriis. Rubrica autem nascitur et in ferrariis metallis.

XVI. Ea *et* fit ochra exusta in ollis nouis luto cir-
cumlitis. Quo magis arsit in caminis hoc melior.
Omnis autem rubrica siccat ideoque ex emplastris
conuenict igni etiam sacro.

XVII. Sinopidis Ponticae selibrae silis lucidi 36
libris X et Melini Graecensis II mixtis tritisque una

---

70. L'usage de la *rubrica-sphragis* est attesté en médecine comme
aphrodisiaque, antidote et, ajoute Galien, *De Fac. Simpl. Med.*, X, 298,
329, contre les ulcères et les hémorragies.

couche sous le minium et aussi pour falsifier ce dernier. En médecine c'est une substance très appréciée. En pommade elle apaise les larmoiements et les douleurs oculaires, elle empêche les écoulements des fistules lacrymales ; on l'administre en potion dans du vinaigre contre l'hémoptysie. On la fait boire aussi contre les maux de la rate et des reins, contre un flux menstruel excessif chez la femme, de même que contre les poisons et la morsure des serpents terrestres et marins : aussi est-elle d'un usage habituel dans tous les antidotes[70].

XV. Parmi les autres espèces de rubrique, celle d'Égypte et celle d'Afrique sont très utiles aux artisans, parce qu'elles sont parfaitement absorbées par les enduits muraux. On trouve aussi la rubrique à l'état natif dans les mines de fer.

XVI. On la fabrique également en calcinant de l'ocre[71] dans des pots neufs, lutés d'argile sur leur pourtour. Plus elle a brûlé sur le foyer, meilleure elle est. Toute espèce de rubrique est siccative : aussi sera-t-elle d'un usage approprié en emplâtres, même pour l'érysipèle.

XVII. Une demi-livre de *sinopis* du Pont, dix livres de sil brillant[72] et deux livres de *melinum* de Grèce, mélangés et triturés ensemble pendant douze jours, don-

71. En toute vraisemblance, Pline veut parler de la préparation artificielle d'ocre-rouge *(rubrica)* suivant un procédé de déshydratation de l'ocre-jaune *(ochra)* par la chaleur.
72. Limon qui se recueille dans les mines d'argent.

per dies duedenos leucophórum fit. Hoc est glutinum auri, cum inducitur ligno.

XVIII. Paractonium loci nomen habet ex Aegypto. Spumam maris esse dicunt solidatam cum limo, et ideo conchae minutae inueniuntur in eo. Fit et in Creta insula atque Cyrenis. Adulteratur Romae creta Cimolia decocta conspissataque. Pretium optimo in pondo VI X *L*. E candidis coloribus pinguissimum et tectorii tenacissimum propter leuorem.

XIX. Melinum candidum et ipsum est, optimum 37 in Melo insula. In Samo quoque nascitur ; eo non utuntur pictores propter nimiam pinguitudinem ; accubantes effodiunt ibi inter saxa uenam scrutantes. In medicina eundem usum habet quem *E*retria creta ; praeterea linguam tactu siccat, pilos detrahit smectica u*i*. Pretium in libras sestertii singuli. Tertius e candidis colos est cerussa, cuius rationem in plumbi metallis diximus. Fuit et terra per se in Theodoti fundo inuenta Zmyrnae, qua ueteres ad

73. Sans doute du carbonate de calcium, avec présence de silice et de diverses substances organiques. La ville évoquée est Marsa Matrouh, en Cyrénaïque.

74. Voir § 195.

75. Craie calcaire.

nent le *leucophorum*. C'est un mordant pour l'or, quand on veut l'appliquer sur une surface de bois.

XVIII. Le *paraetonium*[73] tire son nom du lieu où on le trouve, en Égypte. On dit que c'est de l'écume de mer qui, mêlée à du limon, s'est solidifiée : voilà pourquoi on y découvre de minuscules coquillages. L'île de Crète et Cyrène en produisent aussi. À Rome on le falsifie en le faisant bouillir jusqu'à épaississement avec de la craie cimolienne[74]. La meilleure qualité se vend 50 deniers les 6 livres. C'est la plus onctueuse des couleurs blanche et celle qui adhère le mieux au revêtement à cause de la finesse de son grain.

XIX. Le *melinum*[75] est aussi un blanc : on trouve le meilleur dans l'île de Mélos. Il existe également à l'état natif à Samos, mais les peintres n'utilisent pas ce dernier car il est trop onctueux. On l'y extrait en se couchant au sol et en cherchant la veine parmi les roches. En médecine, son usage est le même que celui de la craie d'Érétrie ; en outre il dessèche la langue par son contact et il agit comme dépilatoire grâce à son effet détersif. Il coûte un sesterce la livre. La troisième sorte de blanc est la céruse[76], dont nous avons traité à propos des minerais de plomb. Elle existait aussi jadis sous forme de terre à l'état naturel, que l'on avait découverte sur le domaine de Théodotus à Smyrne et dont se servaient les anciens pour peindre les navires[77]. Mais maintenant, comme

76. Carbonate de plomb.
77. Pline fait ici une confusion avec la *creta viridis* dont parle Vitruve (VII, 7) ; la céruse étant un produit artificiel dont l'altération est rapide, elle n'a pu servir pour les navires.

nauium picturas utebantur. Nunc omnis ex plumbo
et aceto fit, ut diximus.

XX. Usta casu reperta est in incendio Piracei 38
cerussa in urceis cremata. Hac primum usus est
Nicias supra dictus. Optima nunc Asiatica habetur,
quae et purpurea appellatur. Pretium eius in libras
X VI. Fit et Romae cremato sile marmoroso et res-
tincto aceto. Sine usta non fiunt umbrae.

XXI. Eretria terrae suae habet nomen. Hac Nicomachus et Parr*h*asius usi. Refrigerat, emollit, explet
uolnera ; si coquatur, ad siccanda praec*ip*itur, utilis
et capitis doloribus et ad deprehendenda pura ;
subesse enim ea intellegunt, si ex aqua inlita inares-
cat.

XXII. Sandaracam et ochram Iuba tradidit in 39
insula Rubri maris Topazo nasci, sed inde non peruc-
huntur ad nos. Sandaraca quomodo fieret diximus.
Fit et adulterina ex cerussa in fornace cocta. Color
esse debet flammeus. Pretium in libras asses quini.

XXIII. Haec si torreatur aequa parte rubrica 40

nous l'avons dit, elle est toute fabriquée à partir de plomb et de vinaigre.

XX. L'*usta* (terre brûlée) fut découverte par hasard, quand la céruse brûla dans des pots lors d'un incendie du Pirée. Le premier à s'en servir fut Nicias, mentionné plus haut. Aujourd'hui on considère comme la meilleure celle d'Asie, que l'on appelle aussi *purpurea*. Son prix est de six deniers la livre. On la fabrique également à Rome en brûlant du sil marbré et en l'éteignant avec du vinaigre. Sans usta, on ne peut ombrer.

XXI. L'érétrie tire son nom du territoire qui la produit. Nicomaque et Parrhasius[78] l'ont employée. Elle a un effet rafraîchissant et émollient sur les plaies et les cicatrices ; bouillie, elle est prescrite comme siccatif et sert également à combattre les maux de tête ainsi qu'à détecter les suppurations internes : on reconnaît en effet leur présence si un enduit d'érétrie mêlée d'eau se dessèche rapidement.

XXII. Selon le témoignage de Juba, la sandaraque[79] et l'ocre se trouvent à l'état natif à Topazus, île de la mer Rouge, mais on n'en importe pas de là chez nous. Nous avons indiqué la manière de fabriquer la sandaraque. On en fabrique aussi de la fausse avec de la céruse que l'on fait bouillir au four. Sa couleur doit être celle de la flamme. Son prix est de cinq as la livre.

XXIII. Si on calcine la céruse en y mêlant une quan-

---

78. Voir § 50, 108, 145, et 60, 64 *sq.* et 129.
79. Minéral de couleur rouge trouvé à l'état natif, également appelé réalgar.

admixta, sandycem facit, quamquam animaduerto
Vergilium existimasse herbam id esse illo uersu :

Sponte sua sandyx pascentis uestiat agnos.

Pretium in libras dimidium eius quod sandaracae.
Nec sunt alii colores maioris ponderis.

XXIV. Inter facticios est et Syricum, quo minium
sublini diximus. Fit autem Sinopide et sandyce
mixtis.

XXV. Atramentum quoque inter facticios erit, 41
quamquam est et terrae, geminae originis. Aut enim
salsuginis modo emanat, aut terra ipsa sulpurei coloris ad hoc probatur. Inuenti sunt pictores, qui car-
bones infestatis sepulchris effoderent. Inportuna
haec omnia ac nouicia. Fit enim e fuligine pluribus
modis, resina uel pice exustis, propter quod etiam
officinas aedificauere fumum cum non emittentes.
Laudatissimum eodem modo fit e taedis. Adulteratur
fornacium balinearumque fuligine quo ad uolumina

80. Mélange torréfié de céruse et de rubrica.
81. Virgile, *Bucoliques*, IV, 45. Seule la couleur vermillon intéresse ici Virgile, à qui l'on ne saurait attribuer l'erreur que
signale Pline.

tité égale de rubrique, elle produit la *sandyx*[80] ; je remarque pourtant que Virgile a cru qu'il s'agissait d'une herbe dont le fameux vers :

Spontanément la sandyx revêtirait les agneaux à la pâture[81].

Son prix par livre est de moitié inférieur à celui de la sandaraque. Il n'est pas d'autres couleurs plus pesantes que ces deux pigments.

XXIV. Parmi les couleurs artificielles, on trouve aussi le *syricum*, dont nous avons dit qu'on l'utilise en couche sous le *minium*. On le fabrique en mélangeant la *sinopis* et la *sandyx*.

XXV. L'*atramentum* (noir[82]) sera également classé parmi les couleurs artificielles, bien qu'il provienne aussi d'une terre pour deux de ses modes de production[83]. De fait, ou bien il suinte à la façon de la saumure, ou bien c'est une véritable terre couleur de soufre que l'on utilise pour l'obtenir. Il s'est trouvé des peintres qui ont pu violer des sépultures pour y chercher en creusant des débris carbonisés. Tous ces procédés sont incommodes et de date récente. On fabrique en effet du noir de plusieurs manières avec de la suie, en faisant brûler de la résine ou de la poix : aussi a-t-on construit des laboratoires qui ne laissent pas s'échapper la fumée ainsi produite. Un noir très apprécié est fabriqué de la même manière avec du bois de pin. On le falsifie avec la suie provenant des fours et des bains et l'on s'en sert

82. D'origine minérale, c'est le noir de cordonnier, ou vitriol vert ou bleu.
83. Essentiellement le carbone.

scribenda utuntur. Sunt qui et uini faecem siccatam 42
excoquant adfirmentque, si ex bono uino faex ea
fuerit, Indici speciem id atramentum praebere.
Polygnotus et Micon, celeberrimi pictores, Athenis
e uinaceis fecere, tryginon appellantes. Apelles com-
mentus est ex ebore combusto facere, quod elephantinum uocatur. Adportatur et Indicum ex India 43
inexploratae adhuc inuentionis mihi. Fit etiam aput
infectores ex flore nigro, qui adhaerescit aereis cor-
tinis. Fit et ligno e taedis combusto tritisque in
mortario carbonibus. Mira in hoc saepiarum natura,
sed ex iis non fit. Omne autem atramentum sole
perficitur, librarium cumme, tectorium glutino
admixto. Quod aceto liquefactum est, aegre eluitur.

XXVI. E reliquis coloribus, quos a dominis dari 44
diximus propter magnitudinem pretii, ante omnes est
purpurissum. Creta argentaria cum purpuris pariter
tinguitur bibitque eum colorem celerius lanis. Prae-

---

84. Peut-être l'indigo, dont il est question au § 46.
85. Voir Pline XXXIII, 160, XXXIV, 85 ; *infra*, § 58 et 122 ; et
XXXIII, 160 ; *infra*, § 59.
86. Voir § 79.
87. Non identifié.

pour écrire sur les *uolumina* (rouleaux). Il en est qui font calciner de la lie de vin desséchée et ils prétendent que, si cette lie vient d'un bon vin, l'*atramentum* ainsi obtenu offre l'aspect de l'*indicum* (noir indien[84]). Polygnote et Micon[85], peintres bien connus, en ont fabriqué à Athènes avec du marc de raisin et l'ont appelé *tryginon* (noir de marc). Apelle[86] a imaginé d'en fabriquer avec de l'ivoire brûlé : on donne au produit le nom d'*elephantinum* (noir d'ivoire). On importe aussi de l'Inde l'*indicum*, substance dont le mode de production ne m'est pas encore connu[87]. Une espèce d'*atramentum*, utilisée par les teinturiers, est également produite avec l'écume noire qui s'attache aux chaudrons de bronze ; de même que l'on en obtient une autre en brûlant du bois de pin et en pilant le charbon dans un mortier : cette dernière espèce ressemble étonnamment au pigment de la seiche, mais n'en provient pas. On parachève l'élaboration de toutes les sortes d'*atramentum* en les exposant au soleil et en y ajoutant, pour le noir à écrire, de la gomme[88], pour le noir à enduits, de la glu[89]. Le noir dissous dans du vinaigre s'efface difficilement.

XXVI. Parmi les autres couleurs qui, avons-nous dit, sont, en raison de leur prix élevé, fournies par les commanditaires[90], il y a au premier rang le *purppurissum*[91]. On le fabrique en imprégnant de teinture de la craie à polir l'argent en même temps que les étoffes à teindre en pourpre et la craie absorbe cette couleur plus vite que la laine. Le meilleur est celui qui le premier, dans le réci-

88. Voir Pline, *HN*, XIII, 67.

89. Il s'agirait d'un médium permettant de mieux fixer le pigment, devenu insoluble, sur la surface.

90. Probablement est-ce le cas pour les peintres décorateurs ; mais A. Rouveret rappelle que l'artiste travaille aussi sur commande.

91. Substance minérale utilisée dans la peinture sur vases.

cipuum est primum, feruente aheno rudibus medicamentis inebriatum, proximum egesto eo addita
creta in ius idem et, quotiens id factum est, eleuatur
bonitas pro numero dilutiore sanie. Quare Puteola- 45
num potius laudetur quam Tyrium aut Gaetulicum
uel Laconicum, unde pretiosissimae purpurae ; causa
est quod hysgino maxime inficitur rubiaque, quae
cogitur sorbere. Vilissimum a Canusio. Pretium a
singulis denariis in libras ad XXX. Pingentes sandyce
sublita, mox ouo inducentes purpurissum, fulgorem
minii faciunt. Si purpurae facere malunt, caeruleum
sublinunt, mox purpurissum ex ouo inducunt.

XXVII. Ab hoc maxima auctoritas Indico. Ex 46
India uenit harundinum spumae adhaerescente limo.
Cum cernatur, nigrum, at in diluendo mixturam
purpurae caeruleique mirabilem reddit. Alterum
genus eius est in purpurariis officinis innatans corti-
nis, et est purpurae spuma. Qui adulterant, uero

92. Il faut comprendre, les plus chères.
93. Plante non identifiée. Voir Pline, *HN*, IX, 140.
94. Ville apulienne renommée pour sa laine.

pient bouillant, s'est imbibé des ingrédients à l'état brut ; ensuite vient celui que l'en obtient en rajoutant de la craie dans le même bain, une fois le premier retiré, et à chaque opération de ce genre la qualité diminue, le liquide se diluant progressivement en proportion du nombre des bains. Si l'on préfère celui de Pouzzoles à ceux de Tyr, de Gétulie ou de Laconie, d'où viennent les pourpres les plus précieuses[92], la raison en est qu'il se combine très bien avec l'*hysginum*[93] et la garance qui l'absorbe obligatoirement. La variété la moins chère vient de Canusium[94]. Il coûte entre un et trente deniers la livre. Les peintres obtiennent l'éclat du *minium* en passant une première couche de *sandyx*, puis en superposant du *purpurissum* avec de l'œuf. S'ils préfèrent obtenir l'éclat de la pourpre, ils passent une première couche de *caeruleum*, puis lui superposent du *purpurissum* mêlé à de l'œuf[95].

XXVII. Après ce pigment, c'est l'indigo qui a le plus de renommée. Il vient de l'Inde, sous forme d'un dépôt qui adhère à l'écume des roseaux[96]. Lors de sa concrétion, il est noir, mais une fois délayé il donne une teinte magnifique de pourpre et de bleu d'azur mêlés. Il en existe une seconde espèce : c'est ce qui flotte à la surface des cuves dans les ateliers de teinturiers en pourpre, et c'est là l' « écume de pourpre[97] ». Les falsificateurs

---

95. Il s'agit donc du procédé connu sous le nom de *tempera* ou détrempe.

96. La solution aqueuse d'indican, incolore, est laissée au contact de la plante qui l'exsude. L'indican s'oxyde et se dépose sur la plante : ce qui donne l'indigo.

97. Probablement de la pourpre tyrienne vendue pour de l'indigo.

Indico tingunt stercora columbina aut cretam Selinu-
siam uel anulariam uitro inficiunt. Probatur carbone ;
reddit enim quod sincerum est flammam excellentis
purpurae et, dum fumat, odorem maris. Ob id quidam e scopulis id colligi putant. Pretium Indico
✗ XX in libras. In medicina Indicum rigores et
impetus sedat siccatque ulcera.

XXVIII. Armenia mittit quod eius nomine appel- **47**
latur. Lapis est, hic quoque chrysocollae modo infec-
tus, optimumque est quod maxime uicinum et com-
municato colore cum caeruleo. Solebant librae eius
trecenis nummis taxari. Inuenta per Hispanias
harena est similem curam recipiens ; itaque ad dena-
rios senos uilitas rediit. Distat a caeruleo candore
modico, qui teneriorem hunc efficit colorem. Vsus in
medicina ad pilos tantum alendos habet maximeque
in palpebris.

XXIX. Sunt etiamnum nouicii duo colores e uilis- **48**
simis : uiride quod Appianum uocatur et chrysocol-
lam mentitur, ceu parum multa dicta sint mendacia

98. Voir § 48 et 194.

99. Voir Pline, *HN*, XXXIII, 163.

100. Le terme recouvrirait deux substances : azurite bleue et malachite verte.

teignent avec de l'indigo véritable de la fiente de pigeon ou colorent avec du pastel de la craie de Sélinonte ou de la craie annulaire[98]. On l'éprouve avec un tison ; celui qui est pur donne une flamme de pourpre superbe et sa fumée à une odeur marine[99]. Pour cette raison certains pensent qu'on le récolte sur les écueils. L'indigo coûte vingt deniers la livre. Utilisé en médecine, l'indigo soulage les crampes et les accès fébriles, il dessèche les plaies suppurantes.

XXVIII. L'Arménie envoie la substance qui porte son nom[100]. C'est un minéral qui se teint, lui aussi, comme la chrysocolle ; le meilleur est celui qui s'en rapproche le plus et dont la couleur tire sur le *caeruleum*. Il valait habituellement trois cents sesterces la livre. Or on a trouvé sur tout le territoire des provinces espagnoles un sable dont la préparation est la même ; aussi son prix est-il retombé à six deniers. Il diffère du *caeruleum* par un léger éclat blanc qui en rend la teinte plus tendre. En médecine, on ne l'utilise que pour favoriser la croissance du système pileux, surtout des cils.

XXIX. Il y a encore deux couleurs, découvertes tout récemment et parmi les moins chères : un vert que l'on appelle *appianum*[101] et qui imite la chrysocolle[102] — comme si on en connaissait trop peu de contrefaçons ;

101. Terre verte appelée « terre de Vérone », qui devrait son nom au val Appiana, près du Monte Baldo.
102. Malachite.

eius ; fit e creta uiridi, aestimatum sestertiis in libras.

XXX. Anulare quod uocant, candidum est, quo muliebres picturae inluminantur ; fit et ipsum e creta admixtis uitreis gemmis e uolgi anulis, inde et anulare dictum.

XXXI (7) Ex omnibus coloribus cretulam amant 49 udoque inlini recusant purpurissum, Indicum, caeruleum, Melinum, auripigmentum, Appianum, cerussa. Cerae tinguntur isdem his coloribus ad eas picturas, quae inuruntur, alieno parietibus genere, sed classibus familiari, iam uero et onerariis nauibus, quoniam et pericula expingimus, ne quis miretur et rogos pingi, iuuatque pugnaturos ad mortem aut certe caedem speciose uehi. Qua contemplatione tot colorum tanta uarietate subit antiquitatem mirari.

XXXII. Quattuor coloribus solis immortalia illa 50 opera fecere — ex albis Melino, e silaciis Attico, ex rubris Sinopide Pontica, ex nigris atramento — Apelles, Action, Melanthius, Nicomachus, clarissimi pictores,

103. Craie siliceuse.
104. Probablement s'agit-il d'un usage comme fard, plutôt que de peinture.

on le fabrique à partir de la craie verte ; son cours est d'un sesterce la livre.

XXX. Quant à la substance nommée « annulaire[103] », c'est un blanc qui sert à donner un aspect lumineux au visage peint[104] des femmes ; on le fabrique aussi à partir d'une craie à laquelle on mélange de la verroterie qui sert d'ornement aux anneaux du bas peuple, d'où son nom d' « annulaire ».

XXXI (7). Parmi toutes les couleurs, celles qui aiment un enduit à la craie et refusent de prendre sur un fond humide sont le *purpurissum*, l'indigo, le *caeruleum*, le *melinum*, l'orpiment, l'*appianum* et la céruse[105]. Ces mêmes couleurs servent à teinter la cire pour les peintures à l'encaustique[106], en un procédé qui ne peut s'appliquer aux parois, mais qui est d'usage commun pour les navires de guerre, et même aujourd'hui pour les vaisseaux de transport, et, puisque l'on décore de peintures jusqu'à ces objets exposés au danger, que l'on ne s'étonne pas si l'on peint également les bûchers[107] ; l'on a plaisir aussi à voir transporter luxueusement ceux qui vont combattre jusqu'à ce que mort s'ensuive ou qui du moins vont verser le sang. Quand on considère un si grand nombre de couleurs et leur si large éventail, on se prend à admirer les temps anciens.

XXXII. C'est en utilisant uniquement quatre couleurs qu'Apelle, Aétion, Mélanthius et Nicomaque,

---

107. Les couleurs qui ne supportent par la fresque étaient donc appliquées avec un médium, mélange de chaux, de savon dilué et de cire.

106. Voir § 122 et 149.

107. Voir Hérodien, IV, 3 (peintures ornant le bûcher de Septime-Sévère).

cum tabulae eorum singulae oppidorum uenirent opibus. Nunc et purpuris in parietes migrantibus et
India conferente fluminum suorum limum, draconum
elephantorumque saniem nulla nobilis pictura est.
Omnia ergo meliora tunc fuere, cum minor copia.
Ita est, quoniam, ut supra diximus, rerum, non
animi pretiis excubatur.

XXXIII. Et nostrae aetatis insaniam in pictura 51
non omittam. Nero princeps iusserat colosseum se
pingi CXX pedum linteo, incognitum ad hoc tem-
pus. Ea pictura, cum peracta esset in Maianis hortis,
accensa fulmine cum optima hortorum parte confla-
grauit. Libertus eius, cum daret Anti munus gladia- 52
torium, publicas porticus occupauit pictura, ut constat, gladiatorum ministrorumque omnium ueris imaginibus redditis. Hic multis iam saeculis summus ani-
mus in pictura, pingi autem gladiatoria munera
atque in publico exponi coepta a C. Terentio Lucano.
Is auo suo, a quo adoptatus fuerat, triginta paria in
foro per triduum dedit tabulamque pictam in nemore
Dianae posuit.

108. Voir § 37, 38, 31 et 41. La question du « tétrachromatisme »
demeure controversée. On s'accorde cependant à opposer l'époque de
Polygnote (quatre couleurs utilisées pures) et celle d'Apelle (où l'on
multipliait les combinaisons et les nuances).
109. C'est vrai de la peinture de chevalet, mais pas de la peinture
murale.
110. Les premiers portraits de ce type trouvés au Fayoum sont de
l'époque antonine.

peintres célèbres entre tous, ont exécuté les immortels chefs-d'œuvre que l'on sait : pour les blancs, le *melinum* ; pour les ocres, le *sil* Attique ; pour les rouges, la *sinopis* du Pont ; pour les noirs, l'*atramentum*[108] ; et pourtant chacun de leurs tableaux se vendait au prix des trésors de cités entières. Mais maintenant que les pourpres font leur apparition sur les parois et que l'Inde nous apporte le limon de ses fleuves, la sanie de ses reptiles et de ses éléphants, il n'est plus de renommée dans le domaine pictural[109]. Tout était donc meilleur au temps où les ressources étaient moins abondantes. Il en est ainsi, comme nous l'avons dit plus haut, parce que c'est à la valeur matérielle, et non à la valeur spirituelle, que l'on est attentif.

XXXIII. Je ne passerai pas non plus sous silence une folie de notre époque dans le domaine pictural. L'empereur Néron s'était fait peindre en des proportions colossales sur une toile de lin de 120 pieds : acte inouï jusqu'alors[110]. Cette peinture, une fois achevée dans les jardins de Maius, fut frappée par la foudre et brûla avec la plus belle partie de ces jardins[111]. Un affranchi de Néron, donnant à Antium[112] un spectacle de gladiateurs, fit garnir, — c'est un fait bien connu —, les portiques publics d'une peinture qui reproduisait l'aspect réel de tous les gladiateurs et valets d'armes. Ce goût-là, depuis déjà de nombreuses générations, est très vif dans l'art pictural, mais ce fut C. Terentius Lucanus[113] qui le premier fit peindre et exposer en public des spectacles de gladiateurs : en l'honneur de son grand-père, qui l'avait adopté, il fit combattre au forum, pendant trois jours consécutifs, trente paires de gladiateurs et plaça dans le bois de Diane un tableau représentant ces joutes.

---

111. Sur l'Esquilin, près des jardins de Mécène.
112. Ville natale de Néron.
113. Peut-être un triumvir directeur de la monnaie (- 214 ?).

XXXIV (8). Nunc celebres in ea arte quam 53
maxima breuitate percurram, neque enim instituti
operis est talis executio ; itaque quosdam uel in
transcursu et in aliorum mentione obiter nominasse
satis erit, exceptis operum claritatibus quae et ipsa
conueniet attingi, siue exstant siue intercidere.

Non constat sibi in hac parte Graecorum diligen- 54
tia multas post olympiadas celebrando pictores quam
statuarios ac torcutas, primumque olympiade
LXXXX, cum et Phidian ipsum initio pictorem fuisse
tradatur clipeumque Athenis ab eo pictum, praeterea
in confesso sit LXXX tertia fuisse fratrem eius Panae-
num, qui clipeum intus pinxit Elide Mineruae, quam
fecerat Colotes, discipulus Phidiae et ei in faciendo
Ioue Olympio adiutor. Quid ? Quod in confesso 55
perinde est Bularchi pictoris tabulam, in qua erat
Magnetum proelium, a Candaule, rege Lydiae Hera-
clidarum nouissimo, qui et Myrsilus uocitatus est,
repensam auro ? Tanta iam dignatio picturae erat.
Circa Romuli id aetatem acciderit necesse est, etenim

114. Graveurs sur métaux ou sur ivoires.
115. Voir § 60.
116. Peut-être le bouclier de l'Athéna Parthénos. Voir Pline, *HN*,
XXXVI, 18 et note d'A. Rouveret.
117. Strabon en fait le neveu de Phidias.

XXXIV (**8**). Je vais maintenant passer en revue, aussi brièvement que possible, ceux que cet art a rendus célèbres, car un développement de ce genre n'entre pas dans le plan de l'ouvrage : aussi suffira-t-il, pour certains d'entre eux, de les nommer comme en passant et au cours des notices consacrées à d'autres, les chefs-d'œuvre mis à part, qui devront, eux aussi, être mentionnés, qu'ils subsistent ou qu'ils aient disparu.

En ce domaine l'exactitude des Grecs est en défaut, car ils ne vantent les peintres que de nombreuses olympiades après les statuaires et les toreutes[114], le premier cité étant de la 90e olympiade[115] : or la tradition rapporte que Phidias lui-même fut peintre à ses débuts et peignit un bouclier à Athènes[116], et l'on admet que vécut dans la 83e olympiade son frère Panaenus[117] qui peignit à Élis la face interne du bouclier de la Minerve sculptée par Colotès[118], élève de Phidias et son aide dans l'exécution du Jupiter Olympien[119]. D'ailleurs, n'est-il pas également admis qu'un tableau du peintre Bularchus, représentant un combat livré par les Magnètes, fut payé au poids de l'or par Candaule, roi de Lydie, dernier de la lignée des Héraclides, et que l'on appelait aussi Myrsilus ? Si grand était déjà le prix que l'on attachait à la peinture[120] ! Ce fait se situe nécessairement vers l'époque de Romulus : en effet Caudaule mourut dans la

118. L'Athéna a été aussi attribuée à Phidias lui-même. Colotès était avant tout un toreute, auteur d'une célèbre table chryséléphantine sur laquelle on déposait les couronnes des vainqueurs.

119. Voir Pline, *HN*, XXXIV, 54 et XXXVI, 18.

120. Boularchos est un peintre ionien, entre 700 et 550 ; A. Rouveret souligne que la « mentalité » grecque n'interdisait aucunement à un peintre de travailler pour un souverain étranger.

duodeuicensima olympiade interiit Candaules aut,
ut quidam tradunt, eodem anno quo Romulus, nisi
fallor, manifesta iam tunc claritate artis, adeo abso-
lutione.

Quod si recipi necesse est, simul apparet multo 56
uetustiora principia eosque, qui monochromatis
pinxerint, quorum aetas non traditur, aliquanto
ante fuisse, Hygiaenontem, Dinian, Charmadan et,
qui primus in pictura marem a femina discreuerit,
Eumarum Atheniensem, figuras omnes imitari ausum,
quique inuenta eius excoluerit, Cimonem Cleonaeum.
Hic catagrapha inuenit, hoc est obliquas imagines,
et uarie formare uoltus, respicientes suspicientesue
uel despicientes ; articulis membra distinxit, uenas
protulit, praeterque in ueste rugas et sinus inuenit

Panaenus quidem frater Phidiae etiam proelium 57
Atheniensium aduersus Persas apud Marathona
factum pinxit. Adeo iam colorum usus increbruerat

---

121. Sur le synchronisme, voir l'analyse de Reinach, p. 72, n. 1.
122. Voir § 15, 29 et 64.
123. Apparemment des Péléponnésiens, peut-être des céramistes corinthiens de la fin du VIIIe siècle.

18e olympiade ou bien, comme certains le prétendent, la même année que Romulus[121] ; on peut, sauf erreur, en déduire avec certitude que, dès cette époque, l'art en question avait atteint la célébrité et, a fortiori, la perfection.

S'il faut accepter cette conclusion, il s'ensuit que les débuts de la peinture sont beaucoup plus anciens et que remontent à une époque nettement plus précoce ceux qui ont peint des monochromes[122] — et dont la tradition ne fixe pas les dates : Hygiainon, Dinias, Charmadas[123] —, ainsi que celui qui le premier sut distinguer en peinture l'homme de la femme et osa s'attaquer à la représentation de toute espèce de posture, Eumarus d'Athènes[124], sans oublier celui qui perfectionna ses inventions, Cimon de Cléones[125]. Celui-ci inventa les *catagrapha*, c'est-à-dire les dessins de trois quarts et la façon de varier la disposition des visages, regardant en arrière, vers le haut ou vers le bas ; il sut marquer les articulations des membres, fit saillir les veines et introduisit en outre dans les vêtements le plissé et le drapé.

Quant à Panaenus[126], frère de Phidias, il alla jusqu'à peindre le combat que les Athéniens livrèrent aux Perses à Marathon[127]. L'emploi des couleurs s'était déjà telle-

124. Peintre du vie siècle auquel on attribue deux inventions : l'habitude de peindre la chair des femmes en blanc et celle des hommes en noir ; et la diversité des attitudes en rupture avec le hiératisme.
125. Peintre de la fin du vie siècle, il semble être le véritable initiateur de la peinture grecque.
126. Voir § 54 et 58.
127. Voir Reinach, p. 138 *sq*. et 157 *sq*.

adeoque ars perfecta erat, ut in eo proelio iconicos
duces pinxisse tradatur, Atheniensium Miltiadem,
Callimachum, Cynaegirum, barbarorum Datim,
Artaphernen.

XXXV (9). Quin immo certamen etiam picturae 58
florente eo institutum est Corinthi ac Delphis, primusque omnium certauit cum Timagora Chalcidense,
superatus ab eo Pythiis, quod et ipsius Timagorae
carmine uetusto apparet, chronicorum errore non
dubio.

Alii quoque post hos clari fuere ante LXXXX
olympiadem, sicut Polygnotus Thasius, qui primus
mulieres tralucida ueste pinxit, capita earum mitris
uersicoloribus operuit plurimumque picturae primus contulit, siquidem instituit os adaperire, dentes
ostendere, uoltum ab antiquo rigore uariare.

Huius est tabula in porticu Pompei, quae ante 59
curiam eius fuerat, in qua dubitatur ascendentem
cum clupeo pinxerit an descendentem. Hic Delphis
aedem pinxit, hic et Athenis porticum, quae Poecile
uocatur, gratuito, cum partem eius Micon mercede
pingeret. Vel maior huic auctoritas, siquidem Amphic-
tyones, quod est publicum Graeciae concilium, hos-

128. On ne connaît aucune autre mention de ce peintre.
129. Jeux Isthmiques, puis Pythiques. Ce genre de concours n'est
attesté nulle part ailleurs.
130. Ce concours aurait donc eu lieu en - 448.

ment développé et l'art tellement perfectionné que, dit-on, il peignit dans ce combat les chefs d'après nature : du côté des Athéniens, Miltiade, Callimaque et Cynégire ; du côté des barbares, Datis et Artapherne.

XXXV (9). Qui plus est, au moment où Panaenus florissait, on ouvrit même des concours de peinture à Corinthe et à Delphes, et il inaugure ce genre d'épreuve en concourant avec Timagoras de Chalcis[128], qui l'emporta sur lui aux jeux Pythiques[129] ; cela ressort d'un ancien poème composé par Timagoras en personne : preuve indubitable que les chroniques sont fausses[130].

Après ces artistes, d'autres furent également célèbres avant la 90e olympiade, comme Polygnote de Thasos[131], qui fut le premier à peindre des femmes en vêtements transparents, les coiffa de mitres aux couleurs variées et fut aussi le premier à apporter de très grandes améliorations à la peinture : de fait, il fit ouvrir la bouche à ses personnages, montra leurs dents et, abandonnant l'ancienne raideur, donna des expressions diverses aux traits du visage.

On a de lui un tableau dans le portique de Pompée, tableau placé autrefois devant la curie de ce dernier, à propos duquel on se demande si le porteur de bouclier qu'il y a peint est en train de monter ou de descendre. C'est lui qui a peint le temple à Delphes, lui encore le portique à Athènes que l'on appelle Poecile[132] — cela gratuitement, tandis que Micon[133], qui en peignit une partie, se fit payer. Il n'en acquit que plus de considération, puisque les Amphictyons, qui constituent l'assemblée officielle de la Grèce, décrétèrent que l'on subvien-

---

131. Peintre et sculpteur, vers 470-440. Voir § 122 et Reinach, p. 86-149.
132. Portique élevé sur l'Agora entre 470 et 460, qui doit sa célébrité à ses peintures exécutées sur des panneaux de bois.
133. Vers 470-440.

pitia ei gratuita decreuere. Fuit et alius Micon, qui
minoris cognomine distinguitur, cuius filia Timarete
et ipsa pinxit.

XXXVI. LXXXX autem olympiade fuere Aglao- 60
phon, Cephisodorus, Erillus, Euenor, pater Parrha-
sii et praeceptor maximi pictoris, de quo suis annis
dicemus, omnes iam inlustres, non tamen in quibus
haerere expositio debeat festinans ad lumina artis,
in quibus primus refulsit Apollodorus Atheniensis
LXXXXIII olympiade. Hic primus species exprimere instituit primusque gloriam penicillo iure contulit. Eius est sacerdos adorans et Aiax fulmine
incensus, quae Pergami spectatur hodie. Neque ante
cum tabula ullius ostenditur, quae teneat oculos.

Ab hoc artis fores apertas Zeuxis Heracleotes 61
intrauit olympiadis LXXXXV anno quarto, auden-
temque iam aliquid penicillum — de hoc enim adhuc
loquamur — ad magnam gloriam perduxit, a qui-
busdam falso in LXXXVIIII olympiade positus, cum
fuisse necesse est Demophilum Himeraeum et Nesea
Thasium, quoniam utrius eorum discipulus fuerit
ambigitur.

---

134. Aglaophon le jeune, né au plus tard vers 450. Fils probable
d'Aristophon, frère de Polygnote. Auteur de deux tableaux représentant les Victoires couronnant Alcibiade.
135. Inconnus.

drait gratuitement à ses besoins. Il y eut également un autre Micon, surnommé « le Jeune » pour le distinguer du premier, et dont la fille Timareté peignit elle aussi.

XXXVI. Dans la 90e olympiade vécurent Aglaophon[134], Céphisodore, Érillus[135], Événor[136], père de Parrhasius et maître de ce très grand peintre, dont nous parlerons en son temps. Tous ces artistes sont déjà illustres, mais non pas au point que nous devions nous attarder sur eux dans notre exposé, et nous passons sans attendre aux lumières de l'art : parmi elles, le premier à briller d'un vif éclat fut Apollodore d'Athènes[137], dans la 93e olympiade. Ce fut lui en effet qui le premier se mit à représenter l'apparence extérieure, et le premier conféra à l'art du pinceau une juste gloire. On a de lui un Prêtre en prières et Ajax frappé par la foudre, que l'on peut voir de nos jours à Pergame. Avant lui, on ne saurait montrer aucun tableau de quiconque, susceptible de retenir le regard.

Une fois les portes de l'art ouvertes par Apollodore, Zeuxis d'Héraclée[138] les franchit en l'an 4 de la 95e olympiade, et, tandis que l'art du pinceau manifestait déjà quelque hardiesse, — nous devons en effet parler encore de cet art —, il le fit parvenir à une grande gloire ; certains l'ont placé à tort dans la 89e olympiade, alors qu'indiscutablement ont été ses contemporains Démophilus d'Himère et Nésée de Thasos, puisqu'il fut l'élève de l'un d'eux, mais on ne sait lequel.

136. Il devait avoir une soixantaine d'années à l'akmé de son fils Parrhasios.

137. Peintre athénien (vers 430-400) auquel on attribue deux innovations : la représentation des ombres et une certaine perspective.

138. Vers 455-397, originaire de Lucanie. Voir Reinach, p. 188 *sq.*

In eum Apollodorus supra scriptus uersum fecit, 62
artem ipsis ablatam Zeuxim ferre secum. Opes quoque tantas adquisiuit, ut in ostentatione carum Olympiae aureis litteris in palliorum tesseris intextum
nomen suum ostentaret. Postea donare opera sua instituit, quod nullo pretio satis digno permutari posse
diceret, sicuti Alcmenam Agragantinis, Pana Arche-
lao. Fecit et Penelopen, in qua pinxisse mores uide- 63
tur, et athletam adeoque in illo sibi placuit, ut uersum subscriberet celebrem ex eo, inuisurum aliquem
facilius quam imitaturum. Magnificus est et Iuppiter
eius in throno adstantibus diis et Hercules infans dra-
cones *II* strangulans Alcmena matre coram pauente
et Amphitryone. Reprehenditur tamen ceu grandior 64
in capitibus articulisque, alioqui tantus diligentia,
ut Agragantinis facturus tabulam, quam in templo
Iunonis Laciniae publice dicarent, inspexerit uirgines

139. D'après Reinach, il faut comprendre l'épouse vertueuse qui
attend son époux : « Une Pénélope sévèrement drapée (...), la tête
mélancoliquement appuyée sur la main droite. »

Contre lui Apollodore, mentionné plus haut, écrivit dans une épigramme que Zeuxis avait dérobé l'art de ses maîtres pour l'emporter avec soi. Il amassa également de si grandes richesses que, pour en faire parade, il s'exhiba à Olympie avec son nom brodé en lettres d'or sur des écussons appliqués à ses manteaux. Puis il se mit à faire don de ses œuvres, sous prétexte qu'on ne pouvait les acheter à aucun prix correspondant à leur valeur : c'est ainsi qu'il offrit son Alcmène aux Agrigentins et son Pan à Archelaus. Il fit aussi une Pénélope, peinture où il paraît en fait avoir représenté un type de caractère[139], et un athlète : il fut tellement content de ce dernier qu'il écrivit au-dessous, ce vers — et la formule devint célèbre de ce fait — « qu'on en médirait plus facilement qu'on ne l'imiterait[140]. » Magnifique est son Jupiter en majesté, entouré des dieux debout et son Hercule enfant étranglant deux serpents, en présence de sa mère Alcmène épouvantée et d'Amphitryon[141]. On lui reproche cependant d'avoir donné des proportions trop grandes aux têtes et aux articulations[142]. Au demeurant, son souci de la précision était si fort que, devant exécuter pour les Agrigentins un tableau destiné à être dédié aux frais de l'État dans le temple de Junon Lacinienne, il passa en revue les jeunes filles de la cité, nues, et en

140. Voir Plutarque, *De glor. Ath.*, 2. La même maxime est attribuée à Apollodore.

141. Voir Philostrate, *Im.*, 5.

142. Critique que Plutarque emprunte à Xénocrate.

eorum nudas et quinque elegerit, ut quod in quaque
laudatissimum esset pictura redderet. Pinxit et
monochromata ex albo. Aequales eius et aemuli fuere
Timanthes, Androcydes, Eupompus, Parrhasius.
(10). Descendisse hic in certamen cum Zeuxide tra- 65
ditur et, cum ille detulisset uuas pictas tanto successu,
ut in scaenam aues aduolarent, ipse detulisse linteum
pictum ita ueritate repraesentata, ut Zeuxis alitum
iudicio tumens flagitaret tandem remoto linteo
ostendi picturam atque intellecto errore concederet
palmam ingenuo pudore, quoniam ipse uolucres fefel-
lisset, Parrhasius autem se artificem. Fertur et pos- 66
tea Zeuxis pinxisse puerum uuas ferentem, ad quas
cum aduolassent aues, eadem ingenuitate processit
iratus operi et dixit : « uuas melius pinxi quam puerum, nam si et hoc consummassem, aues timere
debuerant ». Fecit et figlina opera, quae sola in
Ambracia relicta sunt, cum inde Musas Fuluius
Nobilior Romam transferret. Zeuxidis manu Romae
Helena est in Philippi porticibus, et in Concordiae
delubro Marsyas religatus.

143. Le thème de ce tableau — l'Hélène — a été décrit par
Cicéron, *De Invent.*, II.
144. Probablement des peintures blanches sur surface sombre,
permettant d'obtenir des effets de profondeur.
145. Voir § 73.
146. Androcydès de Cyzique (vers 400-380), travaillait à Thèbes
en 379-378 à un tableau de bataille.

choisit cinq, afin de reproduire dans sa peinture ce qu'il y avait de plus louable en chacune d'elles[143]. Il peignit aussi des monochromes en blanc[144]. Il eut comme contemporains et comme rivaux Timanthe[145], Androcydès[146], Eupompe et Parrhasius[147]. On raconte que ce dernier entra en compétition avec Zeuxis : celui-ci avait présenté des raisins[148] si heureusement reproduits que les oiseaux vinrent voleter auprès d'eux sur la scène[149] ; mais l'autre présenta un rideau peint avec une telle perfection que Zeuxis, tout gonflé d'orgueil à cause du jugement des oiseaux, demanda qu'on se décidât à enlever le rideau pour montrer la peinture, puis, ayant compris son erreur, il céda la palme à son rival avec une modestie pleine de franchise, car, s'il avait personnellement, disait-il, trompé les oiseaux, Parrhasius l'avait trompé, lui, un artiste. On rapporte que Zeuxis peignit également, plus tard, un enfant portant des raisins : des oiseaux étant venus voleter auprès de ces derniers, en colère contre son œuvre, il s'avança et dit, avec la même franchise : « J'ai mieux peint les raisins que l'enfant, car, si je l'avais aussi parfaitement réussi, les oiseaux auraient dû avoir peur. » Il a aussi exécuté des figures de terre cuite, seules œuvres d'art laissées à Ambracie, quand Fulvius Nobilior en emporta les Muses pour les transférer à Rome[150]. Il y a de la main de Zeuxis à Rome une Hélène[151] sous le portique de Philippe et, dans le sanctuaire de la Concorde, un Marsyas enchaîné[152].

147. Voir § 75 et 67.
148. Voir § 66 et 155.
149. Voir § 23.
150. Probablement des terres cuites peintes, servant de décor architectural.
151. Tableau probablement emporté par Pyrrhus du temple d'Héra Lakinia en - 279.
152. Œuvre arrivée à Rome comme butin d'une ville assiégée.

Parrhasius Ephesi natus et ipse multa contulit. 67
Primus symmetrian picturae dedit, primus argutias
uoltus, elegantiam capilli, uenustatem oris, confes-
sione artificum in liniis extremis palmam adeptus.
Haec est picturae summa suptilitas. Corpora enim
pingere et media rerum est quidem magni operis,
sed in quo multi gloriam tulerint ; extrema corporum facere et desinentis picturae modum includere
rarum in successu artis inuenitur. Ambire enim se 68
ipsa debet extremitas et sic desinere, ut promittat
alia post se ostendatque etiam quae occultat. Hanc
ei gloriam concessere Antigonus et Xenocrates, qui
de pictura scripsere, praedicantes quoque, non
solum confitentes, et alias multa graphidis uestigia
exstant in tabulis ac membranis eius, ex quibus
proficere dicuntur artifices. Minor tamen uidetur
sibi comparatus in mediis corporibus exprimendis.
Pinxit demon Atheniensium argumento quoque inge- 69
nioso. Ostendebat namque uarium iracundum inius-
tum inconstantem, eundem exorabilem clementem
misericordem ; gloriosum..., excelsum humilem, fero-

153. Vers 420-370. Dans les *Mémorables*, Xénophon rapporte ses
entretiens sur la peinture avec Socrate ; sur le sens de ce passage, voir
E. H. Gombrich, *Méditations sur un cheval de bois*, Mâcon, Éditions
W, 1986, p. 28.

Parrhasius, natif d'Éphèse[153], contribua beaucoup, lui aussi, aux progrès de la peinture. Le premier il sut la doter des proportions[154], il fut le premier à rendre les détails de l'expression du visage[155], à donner de l'élégance à la chevelure, de la grâce à la bouche et les artistes s'accordent à lui attribuer la palme pour l'exécution des contours. C'est en peinture l'art le plus consommé. Car peindre des corps et la surface intérieure des objets est certes une entreprise ardue, mais beaucoup s'y sont illustrés ; au contraire, savoir rendre les contours des corps et enfermer dans une limite les plans fuyants de l'objet que l'on peint, cela se rencontre rarement exécuté avec succès par un artiste. De fait la ligne de contour doit s'envelopper elle-même et finir de façon à laisser deviner autre chose derrière elle et à montrer même ce qu'elle cache. Voilà le mérite particulier que lui ont reconnu Antigone et Xénocrate[156], qui ont écrit sur la peinture — et ils vont jusqu'à le proclamer, sans se contenter de l'admettre ; il reste aussi par ailleurs beaucoup de croquis de sa main sur des tablettes et des feuilles de parchemin, dont on dit que les artistes font leur profit. Cependant il ne paraît pas égal à lui-même quand il s'agit de rendre la surface des corps. La convention qu'il imagina pour peindre le peuple d'Athènes témoigne également de son ingéniosité : car il le montrait fluctuant, irascible, injuste, inconstant, et en même temps accessible aux prières, clément, miséricordieux, vantard..., hautain et humble, hardi et timide, tout cela à

---

154. Éléments de critique xénocratique.
155. Afin de traduire des nuances psychologiques.
156. Xénocrate et Antigone, à la fois artistes et historiens d'art.

cem fugacemque et omnia pariter. Idem pinxit et
Thesea, quae Romae in Capitolio fuit, et nauarchum
thoracatum, et in una tabula, quae est Rhodi, Melea-
grum, Herculem, Persea ; haec ibi ter fulmine
ambusta neque obliterata hoc ipso miraculum auget.
Pinxit et archigallum, quam picturam amauit Tibe-   70
rius princeps atque, ut auctor est D. Epulo, HS |$\overline{LX}$|
aestimatam cubiculo suo inclusit. Pinxit et Thres-
sam nutricem infantemque in manibus eius et Phi-
liscum et Liberum patrem adstante Virtute, et pueros duos, in quibus spectatur securitas et aetatis
simplicitas, item sacerdotem adstante puero cum
acerra et corona. Sunt et duae picturae eius nobilis-   71
simae, hoplites in certamine ita decurrens, ut sudare
uideatur, alter arma deponens, ut anhelare sentia-
tur. Laudantur et Aeneas Castorque ac Pollux in
eadem tabula, item Telephus, Achilles, Agamemnon,
Vlixes. Fecundus artifex, sed quo nemo insolentius
usus sit gloria artis, namque et cognomina usurpauit habrodiactum se appellando aliisque uersibus

157. Œuvre sans doute emportée d'Athènes en - 86 par Sylla, elle
aurait brûlé dans l'incendie du Capitole en 68.

158. Ce qui en ferait la première représentation de chef militaire à
cuirasse historiée, héritage de l'époque hellénistique.

159. Probablement un tryptique. Voir Reinach, p. 226 *sq.*

160. Anecdote peut-être empruntée au consul Mucien, grand amateur de prodiges, et contemporain de Pline.

161. Jeune prêtre de Cybèle efféminé par la perte de sa virilité —
œuvre du genre des *libidines* qu'affectionnait Tibère.

162. Decius Épulon, l'épulon étant un prêtre présidant aux festins
des sacrifices.

la fois. Il a peint aussi un Thésée[157], qui se trouvait à Rome au Capitole, un Capitaine de vaisseau portant cuirasse[158], et en un seul et unique tableau, qui est à Rhodes, Méléagre, Hercule et Persée[159] ; cette œuvre y a été trois fois frappée de la foudre sans subir de dommage, et ce fait même augmente l'admiration qu'elle suscite[160]. Il a peint également un Archigalle, ouvrage aimé de l'empereur Tibère[161], qui, d'après D. Epulo[162], l'acheta six millions de sesterces pour l'enfermer dans sa chambre ; autres œuvres de sa main : une Nourrice thrace, tenant un nourrisson dans ses bras[163], un Philiscus[164], un Liber Pater[165], avec la Vertu debout près de lui, Deux Enfants, qui montrent l'insouciance et la naïveté de leur âge, ainsi qu'un Prêtre assisté par un enfant debout portant encensoir et couronne. De plus il y a deux peintures de lui très célèbres : un Hoplite au combat, qui court au point qu'on croirait le voir transpirer, et un autre, qui dépose les armes et dont on croirait entendre le souffle haletant. On vante aussi son Énée accompagné de Castor et Pollux en un même tableau[166], ainsi que son groupe de Télèphe, Achille, Agamemnon et Ulysse[167]. Ce fut un artiste fécond, mais qui a profité avec plus d'insolence que personne de la gloire que lui valait son talent : en effet il prit des surnoms, se qualifiant de « Viveur[168] » et, dans une autre épigramme, de « Prince des artistes » qui avait porté son art à la perfec-

---

163. Les Grecs prenaient de préférence des Thraces pour nourrices.

164. Peut-être l'auteur comique cité par Suidas. Voir Reinach, p. 232.

165. C'est-à-dire le dieu de la comédie, Dionysos.

166. Reinach suggère de remplacer Énée par Hélène.

167. Sans doute une illustration de la guérison de Télèphe par Achille avec la rouille de sa lance, en présence d'Ulysse et d'Agamemnon. Voir Hygin, *Fables*, 120 et Pline, *HN*, XXV, 19.

168. C'est-à-dire, délicat, plutôt que débauché.

principem artis et eam ab se consummatam, super
omnia Apollinis se radice ortum et Herculem, qui
est Lindi, talem a se pictum qualem saepe in quiete
uidisset ; ergo magnis suffragiis superatus a Timan- 72
the Sami in Aiace armorumque iudicio, herois
nomine se moleste ferre dicebat, quod iterum ab
indigno uictus esset. Pinxit et minoribus tabellis
libidines, eo genere petulantis ioci se reficiens.

Nam Timanthi uel plurimum adfuit ingenii. Eius 73
enim est Iphigenia oratorum laudibus celebrata, qua
stante ad aras peritura cum maestos pinxisset
omnes praecipueque patruum et tristitiae omnem
imaginem consumpsisset, patris ipsius uoltum uelauit,
quem digne non poterat ostendere. Sunt et alia inge- 74
nii eius exempla, ueluti Cyclops dormiens in paruola
tabella, cuius et sic magnitudinem exprimere cupiens
pinxit iuxta Satyros thyrso pollicem eius metientes.
Atque in unius huius operibus intellegitur plus tamen
quam pingitur et, cum sit ars summa, ingenium
tamen ultra artem est. Pinxit et heroa absolutissimi

169. Également cité par Athénée, XII, 543c. Voir Reinach, p. 225.
170. Timanthe de Kythnos (v. 410-370) se situe entre Parrhasios
et l'école de Sicyone dont il fut l'un des maîtres.

tion ; comble de prétention, il se disait issu du lignage d'Apollon et affirmait avoir peint l'Hercule qui se trouve à Lindos[169] sous les traits où il lui était souvent apparu dans son sommeil. Aussi, étant placé après Timanthe[170] à une large majorité des suffrages dans un concours qui se tenait à Samos sur le thème « Ajax et le jugement des armes », il allait disant qu'il soufrait au nom du héros d'avoir été une seconde fois vaincu par un indigne[171]. Il peignit également, dans des tableaux de moindre format, des sujets érotiques, se détendant à ce genre de badinage impudique.

Pour en revenir à Thimanthe, sa qualité principale fut sans doute l'ingéniosité : en effet on a de lui une Iphigénie portée aux nues par les orateurs, qu'il peignit debout, attendant la mort, près de l'autel ; puis, après avoir représenté toute l'assistance affligée — particuliè-rement son oncle —, et épuisé tous les modes d'expres-sions de la douleur, il voila le visage du père lui-même, dont il était incapable de rendre convenablement les traits. Il y a aussi d'autres exemples de son ingéniosité : ainsi un tout petit tableau représentant un Cyclope endormi, où, désirant malgré tout donner l'idée de sa grandeur, il peignit, à côté, des Satyres qui, à l'aide d'un thyrse, lui mesurent le pouce[172]. De fait, c'est le seul artiste dans les œuvres de qui il y a plus à comprendre que ce qui est effectivement peint et, bien que son art soit extrême, son ingéniosité va cependant au-delà. De son pinceau on a aussi un Héros[173], œuvre d'une perfec-tion achevée, dans laquelle il a enfermé l'art même de

171. La première fois par Ulysse, la seconde par Timanthe.
172. Peut-être une influence du *Cyclope* d'Euripide.
173. On en a déduit que le *héros* était pour les peintres un *canon*.

oporis, artem ipsam complexus uiros pingendi, quod
opus nunc Romae in templo Pacis est.

Euxinidas hac aetate docuit Aristiden, praecla- 75
rum artificem, Eupompus Pamphilum, Apellis prae-
ceptorem. Est Eupompi uictor certamine gymnico
palmam tenens. Ipsius auctoritas tanta fuit, ut diui-
serit picturam in genera ; quae ante eum duo fuere —
Helladicum et Asiaticum appellabant —, propter
hunc, qui erat Sicyonius, diuiso Helladico tria facta
sunt, Ionicum, Sicyonium, Atticum. Pamphili cogna- 76
tio et proelium ad Phliuntem ac uictoria Atheniensium, item Vlixes in rate. Ipse Macedo natione, sed...,
primus in pictura omnibus litteris eruditus, praecipue arithmetica et geometria, sine quibus negabat
artem perfici posse, docuit neminem talento minoris — annuis X D —, quam mercedem et Apelles et
Melanthius dedere ei. Huius auctoritate effectum est 77
Sicyone primum, deinde in tota Graecia, ut pueri

174. L'un des tableaux que Néron avait rassemblés dans sa
Maison d'Or et que Vespasien avait transportés dans le Temple de la
Paix, dédié en 75 ap. J.-C., après la victoire dans la guerre de Judée.
175. Sans doute originaire de Sicyone et contemporain de
Polyclète.
176. Probablement le bronzier de *HN*, XXXIV, 72.
177. École de Sicyone (fin v^e-début ive).

peindre des figures masculines : cette œuvre se trouve maintenant dans le Temple de la Paix[174] à Rome.

C'est à la même époque qu'Euxinidas[175] eut comme élève Aristide[176], qui fut un artiste remarquable, tandis qu'Eupompe[177] eut pour disciple Pamphile[178], le maître d'Apelle[179]. On a d'Eupompe un Vainqueur dans une compétition de gymnastique : il tient une palme. L'influence de cet artiste fut si grande qu'il introduisit une subdivision nouvelle de la peinture en genres : ceux-ci, qui avant lui étaient au nombre de deux — appelés hellénique et asiatique —, passèrent, à cause de lui, qui était natif de Sicyone, au nombre de trois par la division du genre hellénique : il y eut le genre ionien, le sicyonien et l'attique[180]. De Pamphile[181] on a une Famille, une Bataille de Phlionte avec la victoire des Athéniens[182] et un Ulysse sur son radeau. Pamphile était originaire de Macédoine, mais... ce fut le premier peintre à avoir étudié toutes les sciences, surtout l'arithmétique et la géométrie, sans lesquelles il affirmait qu'il ne pouvait exister d'art achevé. Il ne prit pas d'élèves à moins d'un talent — à raison de 500 deniers par an : c'est le prix que lui payèrent Apelle et Mélanthius. C'est grâce à son influence que, d'abord à Sicyone, puis dans la Grèce entière, il fut établi que les enfants de famille libre rece-

178. Voir § 76.

179. Voir § 79.

180. L'école sicyonienne et l'attique étant héritières du genre hellénique, l'école ionienne du genre asiatique.

181. Vers 400-350. Né à Amphipolis, installé à Sicyone, il fut à la fois peintre, théoricien et historien de la peinture. On lui a attribué l'invention de la peinture à l'encaustique.

182. En 367 av. J.-C, les Athéniens alliés aux Phliasiens triomphant des Sicyoniens.

ingenui omnia ante graphicen, hoc est picturam in
buxo, docerentur reciperereturque ars ea in primum
gradum liberalium. Semper quidem honos ei fuit, ut
ingenui eam exercerent, mox ut honesti, perpetuo
interdicto ne seruitia docerentur. Ideo neque in hac
neque in toreutice ullius, qui seruierit, opera cele-
brantur.

Clari et centesima septima olympiade exstitere **78**
Action ac Therimachus. Actionis sunt nobiles picturae Liber pater, item Tragoedia et Comoedia,
Semiramis ex ancilla regnum apiscens, anus lampa-
das praeferens et noua nupta uerecundia notabilis.

Verum omnes prius genitos futurosque postea **79**
superauit Apelles Cous olympiade centesima duode-
cima. Picturae plura solus prope quam ceteri omnes
contulit, uoluminibus etiam editis, quae doctrinam eam
continent. Praecipua eius in arte uenustas fuit, cum
eadem aetate maximi pictores essent ; quorum opera
cum admiraretur, omnibus conlaudatis deesse illam

183. Voir Aristote, *Pol.*, VIII, 23.
184. Vers 330-280.
185. Inconnu.
186. Voir Reinach, p. 376.

vraient avant toute chose un enseignement d'art gra-
phique (c'est-à-dire pictural) sur tablette de buis, et que
cet art serait admis à servir de première étape dans l'ac-
quisition d'une culture libérale[183]. Le fait est que l'art
pictural eut toujours un prestige qui lui permit d'être
pratiqué par des hommes libres et qu'il en eut, après
quelque temps, assez pour l'être par des personnages de
haut rang ; il fut en tout cas constamment interdit de
l'enseigner aux esclaves. Aussi ne fait-on mention, ni en
peinture ni en sculpture d'aucun ouvrage célèbre de la
main d'un esclave.

Dans la 107e olympiade Aétion[184] et Thérimachus[185]
atteignirent aussi une renommée de premier plan.
Comme peintures bien connues d'Aétion il y a un Liber
Pater, ainsi que la Tragédie et la Comédie ; Sémiramis,
de servante devenant reine[186] ; une Vieille Femme portant des torches et une Jeune Mariée remarquable par sa
pudeur.

Mais celui qui ensuite surpassa tous les peintres pré-
cédents ou à venir fut Apelle de Cos, dans la 112e olympiade[187]. À lui seul il a presque davantage contribué que
tous les autres au progrès de la peinture et a publié également des livres qui contiennent les principes de son
art[188]. Le point sur lequel cet art manifestait sa supério-
rité était la grâce, bien qu'il y eût à la même époque de
très grands peintres ; mais, tout en admirant leurs
œuvres et en les comblant toutes d'éloges, il disait qu'il
leur manquait ce fameux charme qui lui était propre et

187. Vers 360-300. Né à Colophon, il vécut surtout à Éphèse et à
Cos. Voir Reinach, p. 314-360.
188. Livres dédiés à son élève Perseus et probablement relatifs à
ses canons artistiques. Voir § 82 et 111.

suam uenerem dicebat, quam Graeci χάριτα uocant ;
cetera omnia contigisse, sed hac sola sibi neminem
parem. Et aliam gloriam usurpauit, cum Protogenis 80
opus inmensi laboris ac curae supra modum anxiae
miraretur ; dixit enim omnia sibi cum illo paria esse
aut illi meliora, sed uno se praestare, quod manum de
tabula sciret tollere, memorabili praecepto nocere
saepe nimiam diligentiam. Fuit autem non minoris
simplicitatis quam artis. Melanthio dispositione cede-
bat, Asclepiodoro de mensuris, hoc est quanto quid
a quoque distare deberet.

Scitum inter Protogenen et eum quod accidit. 81
Ille Rhodi uiuebat, quo cum Apelles adnauigasset,
auidus cognoscendi opera eius fama tantum sibi
cogniti, continuo officinam petiit. Aberat ipse, sed
tabulam amplae magnitudinis in machina aptatam
una custodiebat anus. Haec foris esse Protogenen
respondit interrogauitque, a quo quaesitum diceret.
« Ab hoc », inquit Apelles, adreptoque penicillo
lineam ex colore duxit summae tenuitatis per tabu-

---

189. Voir § 81 et 101.

190. Cette expression est devenue proverbiale. Voir Cicéron,
Ad. Fam, VII, 25.

191. Vers 370-330, successeur de Pamphile à la tête de son école,
condisciple puis maître d'Apelle.

que les Grecs appellent Charis ; qu'ils avaient atteint à toutes les autres perfections, mais que, sur ce seul point, il n'avait pas d'égal. Il revendiqua aussi un autre titre de gloire : alors qu'il admirait une œuvre de Protogène[189], d'un travail immense et d'un fini méticuleux à l'excès, il dit en effet que sur tous les autres points ils étaient égaux ou même que Protogène était supérieur, mais qu'il avait, lui, ce seul avantage de savoir ôter la main d'un tableau — précepte digne d'être noté, selon lequel un trop grand souci de la précision est souvent nuisible[190]. Et sa simplicité ne le cédait pas à son art : Mélanthius[191], reconnaissait-il, le surpassait pour la répartition des figures, Asclépiodore[192] en ce qui concerne les mesures c'est-à-dire la distance que l'on doit laisser entre les objets.

Ce qui se passa entre Protogène et lui ne manque pas de sel[193]. Le premier vivait à Rhodes, Apelle y débarqua, brûlant de prendre connaissance de son œuvre, dont seule lui était parvenue la renommée, et il gagna incontinent son atelier. Le maître était absent, mais un tableau de notables proportions placé sur un chevalet était surveillé par une vieille femme toute seule. À sa question elle répondit que Protogène était sorti et demanda qui elle devrait lui annoncer comme visiteur. « Voici », dit Apelle et, s'emparant d'un pinceau, il traça au travers du

192. Voir § 107.
193. Anecdote peut-être tirée des écrits d'Apelle lui-même.

lam. Et reuerso Protogeni quae gesta erant anus 82
indicauit. Ferunt artificem protinus contemplatum
subtilitatem dixisse Apellen uenisse, non cadere in
alium tam absolutum opus ; ipsumque alio colore
tenuiorem lineam in ipsa illa duxisse abeuntemque
praecepisse, si redisset ille, ostenderet adiceretque
hunc esse quem quaereret. Atque ita euenit. Reuertit
enim Apelles et uinci erubescens tertio colore lineas
secuit nullum relinquens amplius subtilitati locum.
At Protogenes uictum se confessus in portum deuo- 83
lauit hospitem quaerens, placuitque sic eam tabulam
posteris tradi omnium quidem, sed artificum praeci-
puo miraculo. Consumptam eam priore incendio Caesaris domus in Palatio audio, spectatam nobis ante,
spatiose nihil aliud continentem quam lineas uisum
effugientes, inter egregia multorum opera inani similem et eo ipso allicientem omnique opere nobiliorem.

Apelli fuit alioqui perpetua consuetudo numquam 84
tam occupatum diem agendi, ut non lineam ducendo
exerceret artem, quod ab eo in prouerbium uenit.
Idem perfecta opera proponebat in pergula transeun-
tibus atque, ipse post tabulam latens, uitia quae nota-

194. Voir J. Pigeaud, « La rêverie de la limite dans la peinture
antique », in *L'Art et le vivant*, p. 204 *sq*.

195. Selon Pline, la destruction n'est qu'un bruit. Reinach pense à
l'incendie de 64 ap. J.-C.

tableau une ligne de couleur d'un délié extrême. Au
retour de Protogène la vieille lui révéla ce qui s'était
passé. On rapporte qu'alors l'artiste, dès qu'il eut
contemplé cette finesse, dit que le visiteur était Apelle et
que personne d'autre n'était capable de rien faire d'aussi achevé ; puis il traça lui-même, avec une autre couleur, une ligne encore plus fine sur la première et repar-
tit en prescrivant, au cas où l'autre reviendrait, de la lui
montrer et d'ajouter que c'était là l'homme qu'il cherchait. C'est ce qui se produisit, car Apelle revint et, rou-
gissant de se voir surpassé, il refendit les lignes avec une
troisième couleur, ne laissant nulle place pour un trait
plus fin[194]. Protogène alors, reconnaissant sa défaite,
descendit en hâte au port à la recherche de son hôte et il
fut décidé de garder ce tableau pour la postérité comme
un objet d'admiration, universel certes, mais tout particulièrement pour les artistes. J'apprends qu'il a brûlé
lors du premier incendie du palais de César sur le
Palatin[195] ; nous avions pu le contempler auparavant :
sur une grande surface il ne contenait que des lignes
échappant presque à la vue et, semblant vide au milieu
des chefs-d'œuvre de nombreux artistes, il attirait l'attention par là-même et était plus renommé que tous les
autres ouvrages.

C'était par ailleurs une habitude constante d'Apelle
de ne jamais laisser une journée, si occupée qu'elle fût,
sans pratiquer son art en traçant quelque trait, coutume
qu'il fit passer en proverbe[196]. c'est lui également qui
exposait sur une loggia[197] ses œuvres achevées à la vue
des passants et qui, caché derrière le tableau, écoutait les

---

196. « Aucun jour sans une ligne » *(Nullus dies sine linea)*.
197. Balcon *(pergula)* — bien connu à Pompéi, où les peintres
avaient l'habitude de suspendre leurs tableaux.

rentur auscultabat, uulgum diligentiorem iudicem
quam se praeferens ; feruntque reprehensum a sutore, 85
quod in crepidis una pauciores intus fecisset ansas,
eodem postero die superbo emendatione pristinae
admonitionis cauillante circa crus, indignatum pros-
pexisse denuntiantem, ne supra crepidam sutor iudi-
caret, quod et ipsum in prouerbium abiit. Fuit enim
et comitas illi, propter quam gratior Alexandro
Magno frequenter in officinam uentitanti — nam, ut
diximus, ab alio se pingi uetuerat edicto —, sed in
officina imperite multa disserenti silentium comiter
suadebat, rideri eum dicens a pueris, qui colores tere-
rent. Tantum erat auctoritati iuris in regem alioqui 86
iracundum. Quamquam Alexander honorem ei claris-
simo perhibuit exemplo. Namque cum dilectam sibi e
pallacis suis praecipue, nomine Pancaspen, nudam
pingi ob admirationem formae ab Apelle iussisset
cumque, dum paret, captum amore sensisset, dono
dedit ei, magnus animo, maior imperio sui nec
minor hoc facto quam uictoria aliqua. Quippe se 87

198. Voir *HN*, VII, 125 et XXXIV, 63. Apelle a figuré Alexandre
le Grand sur au moins trois tableaux, mais il n'est pas le seul à l'avoir
peint : Protogène et Aétion ont reçu des commandes, Philoxénos,
Aristide et Hélène l'ont peint de son vivant ou peu après sa mort.

critiques que l'on formulait, estimant que le public avait un jugement plus scrupuleux que le sien. On dit aussi qu'il fut repris par un cordonnier pour avoir fait, dans des sandales, une attache de moins qu'il ne fallait à la face intérieure ; le jour suivant, le même cordonnier, tout fier de voir que sa remarque de la veille avait amené la correction du défaut, cherchait chicane à propos de la jambe : alors Apelle, indigné, se montra, criant bien haut qu'un cordonnier n'avait pas à juger au-dessus de la sandale, mot qui passa également en proverbe. En fait il savait aussi être plein de gentillesse, ce qui lui valut un attachement particulier de la part d'Alexandre le Grand, qui aimait venir fréquemment dans son atelier — car, nous l'avons dit, il avait défendu par décret qu'aucun autre peintre fît son portrait[198] — mais lorsque, dans l'atelier, le prince faisait de longues dissertations sans rien connaître à l'art, il lui conseillait gentiment de se taire, en disant qu'il prêtait à rire aux garçons qui broyaient les couleurs[199]. Si grands étaient les droits que lui donnait son autorité sur un prince au demeurant irascible. Au reste Alexandre manifesta l'estime qu'il avait pour lui en une circonstance très remarquable. En effet il avait demandé à Apelle de peindre nue, par admiration pour sa beauté, sa maîtresse favorite qui s'appelait Pancaspé ; s'étant aperçu qu'en exécutant cet ordre Apelle en était tombé amoureux, il lui en fit cadeau[200] : preuve de magnanimité, d'un contrôle de soi plus grand encore, cet acte ne l'illustra pas moins qu'une quelconque victoire. Car ce fut une victoire sur lui-même et

---

199. Élien, *Var. Hist.*, II, 2, rapporte la même histoire à propos de Zeuxis.
200. Élien, *Var. Hist.*, XII, 34. La nudité, observe Reinach, n'a rien de singulier pour l'époque, l'un des courtisans d'Alexandre se faisant servir par une fille nue.

uicit, nec torum tantum suum, sed etiam adfectum donauit artifici, ne dilectae quidem respectu motus, cum modo regis ea fuisset, modo pictoris esset. Sunt qui Venerem anadyomenen ab illo pictam exemplari putent. Apelles et in aemulis benignus Protogeni dignationem primus Rhodi constituit.

Sordebat suis, ut plerumque domestica, percon- 88 tantique, quanti liceret opera effecta, paruum nescio quid dixerat, at ille quinquagenis talentis poposcit famamque dispersit, se emere, ut pro suis uenderet. Ea res concitauit Rhodios ad intellegendum artificem, nec nisi augentibus pretium cessit.

Imagines adeo similitudinis indiscretae pinxit, ut — incredibile dictu — Apio grammaticus scriptum reliquerit, quendam ex facie hominum diuinantem, quos metoposcopos uocant, ex iis dixisse aut futurae mortis annos aut praeteritae *uitae*. Non fuerat 89 ei gratia in comitatu Alexandri cum Ptolemaeo, quo regnante Alexandriam ui tempestatis expulsus, subor-

---

201. Voir § 91 et Reinach, p. 332, n. 1 et 334 sur le modèle de cette œuvre.
202. Voir § 101 et 81.

ce ne fut pas seulement une concubine, mais une femme chérie qu'il donna à l'artiste, sans même avoir d'égards pour les sentiments de la favorite, qui passait des bras d'un roi dans ceux d'un peintre. Certains inclineraient à croire qu'elle fournit le modèle pour la Vénus anadyomène[201] qu'il exécuta. Plein de bonté même pour ses rivaux, Apelle fut le premier à faire, à Rhodes, la réputation de Protogène[202].

Celui-ci était tenu, chez lui, en médiocre estime — c'est le lot habituel des produits du cru. Apelle lui demandant combien il voulait de ses œuvres achevées, il lui avait dit je ne sais quel prix modique, mais Apelle fit une proposition de cinquante talents et répandit le bruit qu'il les achetait pour les vendre comme s'il s'agissait des siennes. Ce procédé incita les Rhodiens à comprendre la valeur de l'artiste et Apelle ne céda ces œuvres qu'aux surenchérisseurs.

Il peignit des portraits d'une ressemblance si extraordinaire qu'Apion le grammairien[203] — fait incroyable à rapporter — a laissé un opuscule où il affirme qu'une de ces personnes qui prédisent l'avenir d'après le visage des gens et que l'on appelle *metoposcopoi*[204], indiquait d'après ces portraits le nombre d'années restant avant la mort du sujet, ou encore combien de temps ce dernier avait vécu. Parmi les gens de la suite d'Alexandre, il n'avait pas été en bons termes avec Ptolémée ; or, sous le règne de celui-ci, Apelle fut jeté dans Alexandrie par

---

203. Grammairien d'Alexandrie du temps de Tibère, Caligula et Claude, auteur d'un *Éloge d'Alexandre* d'où provient peut-être cette anecdote.

204. Littéralement, « qui lit sur le front ». Voir Suétone, *Tit.*, 2.

nato fraude aemulorum plano regio inuitatus, ad
cenam uenit indignantique Ptolemaeo et uocatores
suos ostendenti, ut diceret, a quo eorum inuitatus
esset, arrepto carbone extincto e foculo imaginem in
pariete delineauit, adgnoscente uoltum plani rego
inchoatum protinus. Pinxit et Antigoni regis imagi- 90
nem altero lumine orbam primus excogitata ratione
uitia condendi ; obliquam namque fecit, ut, quod
deerat corpori, picturae deesse potius uideretur,
tantumque eam partem e facie ostendit, quam totam
poterat ostendere. Sunt inter opera eius et exspiran-
tium imagines. Quae autem nobilissima sint, non est
facile dictu. Venerem exeuntem e mari diuus Augus- 91
tus dicauit in delubro patris Caesaris, quae anadyo-
mene uocatur, uersibus Graecis tali opere, dum laudatur, uicto sed inlustrato. Cuius inferiorem partem
corruptam qui reficeret non potuit reperiri, uerum
ipsa iniuria cessit in gloriam artificis. Consenuit haec
tabula carie, aliamque pro ea substituit Nero in principatu suo Dorothei manu. Apelles inchoauerat et 92
aliam Venerem Coi, superaturus etiam illam suam
priorem. Inuidit mors peracta parte, nec qui succe-

205. Connu sous le nom de *monophtalmos*, maître de l'Ionie de
322 à sa mort, en 301.
206. Sans doute des peintures tombales représentant des mourants.
207. Voir § 87 et Reinach, p. 332 *sq.*

une violente tempête et certains de ses rivaux soudoyèrent malicieusement un bouffon du roi pour qu'il l'invitât : il vint au repas et, devant l'indignation de Ptolémée qui lui demandait, en lui montrant ses hérauts, lequel d'entre eux l'avait invité, il prit dans le foyer un charbon éteint et dessina sur le mur un portrait tel que le roi, dès la première ébauche, reconnut les traits du bouffon. Il peignit aussi un portrait du roi Antigone[205] qui le représentait privé d'un de ses yeux et inventa un moyen original de ne pas montrer qu'il était borgne : car il le fit de trois quarts, de telle sorte que ce qui manquait réellement à l'original semblait plutôt manquer dans le tableau et qu'il ne montra du visage que le côté susceptible d'être montré en entier. Il y a également parmi ses œuvres des portraits de mourants[206]. Il n'est du reste pas facile de dire lesquels de ces portraits sont les plus remarquables. Sa Vénus sortant de la mer, que l'on appelle anadyomène[207], a été consacrée par le divin Auguste dans le sanctuaire de son père César[208] : ce chef-d'œuvre fut surpassé par les poètes grecs dont il reçut les éloges, mais n'en fut pas moins ainsi rendu célèbre. Sa partie inférieure fut endommagée et on ne put trouver personne pour la restaurer, mais en fait cet accident même tourna à la gloire de l'artiste. La pourriture a provoqué avec le temps la destruction du tableau et Néron, pendant son principat, le remplaça par un autre, de la main de Dorotheus[209]. Apelle avait aussi commencé une autre Vénus à Cos[210], pensant même surpasser la première, pourtant fameuse. Il n'en acheva qu'une partie et fut arrêté par la mort jalouse : on ne trouva personne pour continuer l'œuvre en suivant l'es-

208. Auguste emporta le tableau de Cos à Rome vers -30 et l'exposa dans le dit temple avant - 20. Voir Reinach, p. 336 *sq.*

209. Inconnu.

210. Voir Reinach, p. 340, n. 1.

doret operi ad praescripta liniamenta inuentus est.
Pinxit et Alexandrum Magnum fulmen tenentem in
templo Ephesiae Dianae uiginti talentis auri. Digiti
eminere uidentur et fulmen extra tabulam esse —
legentes meminerint omnia ea quattuor coloribus
facta — ; manipretium eius tabulae in nummo aureo
mensura accepit, non numero. Pinxit et megabyzi, 93
sacerdotis Dianae Ephesiae, pompam, Clitum cum
equo ad bellum festinantem, galeam poscenti armi-
gerum porrigentem. Alexandrum et Philippum quotiens pinxerit, enumerare superuacuum est. Mirantur
eius Habronem Sami ; Menandrum, regem Cariae,
Rhodi, item Antaeum ; Alexandreae Gorgosthenen
tragoedum ; Romae Castorem et Pollucem cum Victoria et Alexandro Magno, item Belli imaginem res-
trictis ad terga manibus, Alexandro in curru trium-
phante. Quas utrasque tabulas diuus Augustus in 94
fori sui celeberrimis partibus dicauerat simplicitate
moderata ; diuus Claudius pluris existimauit utrisque
excisa Alexandri facie diui Augusti imagines addere.

211. Voir Reinach, p. 344-346 et n. Alexandre avait été proclamé fils de Zeus.

212. Voir § 50 à propos du tétrachromatisme ; mais il n'est pas certain qu'il s'agisse des quatre couleurs traditionnelles.

213. Sujet tentant pour les peintres par sa position comme par la richesse de son costume. Apelle avait été précédé par Zeuxis et Parrhasios.

quisse. Il a peint également, dans le temple de Diane à Éphèse, Alexandre le Grand tenant la foudre, œuvre qui valut vingt talents d'or : les doigts semblent en relief et la foudre[211] sortir du tableau — le lecteur doit se souvenir que tous ces ouvrages furent exécutés avec quatre couleurs[212] ; pour payer ce dernier tableau, on ne lui compta pas des pièces d'or, on en couvrit la surface. Il peignit encore la Procession du mégabyze, prêtre de la Diane d'Éphèse[213] ; un Clitus[214] à cheval courant au combat ; un Écuyer tendant un casque à un guerrier qui le lui réclame. Il serait superflu d'énumérer toutes les peintures qu'il fit d'Alexandre[215] et de Philippe. On admire de lui, à Samos, un Habron[216] ; à Rhodes, un Méandre roi de Carie[217], ainsi qu'un Antée[218] ; à Alexandrie, Gorgosthénès le tragédien[219] ; à Rome, Castor et Pollux, avec la Victoire et Alexandre le Grand, de même qu'une effigie de la Guerre, les mains liées derrière le dos et Alexandre sur un char de triomphe[220]. Ces deux tableaux avaient été consacrés par le divin Auguste, en toute simplicité et modestie, en des emplacements très fréquentés de son forum ; le divin Claude crut préférable de faire découper dans l'un et l'autre le visage d'Alexandre et de le remplacer par le portrait du

214. Clitus le noir, commandant l'un des régiments de cavalerie d'Alexandre, qui lui sauva la vie au Granique et fut tué par lui en 327.

215. Voir Pline, *HN*, XXXIV, 63.

216. Le peintre cité § 141, ou le fils de l'orateur Lycurgue.

217. Satrape, et non roi, en Lydie, de 327 à 321.

218. Il s'agit peut-être du géant lydien mentionné par Philostrate, *Imag.*, II, 21.

219. Inconnu.

220. Voir Reinach, p. 348, n. 1.

Eiusdem arbitrantur manu esse et in *Dianae* templo
Herculem auersum, ut, quod est difficillimum, faciem
eius ostendat uerius pictura quam promittat. Pinxit
et heroa nudum eaque pictura naturam ipsam prouo-
cauit. Est et equus eius, siue fuit, pictus in certa- 95
mine, quo iudicium ad mutas quadripedes prouo-
cauit ab hominibus. Namque ambitu praeualere
aemulos sentiens singulorum picturas inductis equis
ostendit : Apellis tantum equo adhinniuere. Idque et
postea semper euenit, ut experimentum artis illud
ostentaretur. Fecit et Neoptolemum ex equo aduer- 96
sus Persas, Archelaum cum uxore et filia, Antigonum thoracatum cum equo incedentem. Peritiores
artis praeferunt omnibus eius operibus eundem regem
sedentem in equo et Dianam sacrificantium uirginum
choro mixtam quibus uicisse Homeri uersus uidetur
id ipsum describentis. Pinxit et quae pingi non possunt, tonitrua, fulgetra fulguraque ; Bronten, Astra-
pen et Ceraunobolian appellant.

---

221. Voir Reinach, p. 342, n. 3.

222. Pline fait sans doute allusion au portrait équestre dont parle Élien, *Var. Hist.*, II, 3.

223. Prince épirote qui monta à l'assaut de Gaza (Arrien, *Anab.*, II, 27, 6), mort en 321 en combattant contre Euménès (Plutarque, *Eum.*, 4 et 7).

divin Auguste. On attribue aussi à sa main, dans le temple de Diane, un Hercule vu de dos[221] rendu de telle façon que, chose très difficile à réaliser, la peinture semble laisser voir son visage plus au vrai qu'elle ne permet de l'imaginer ; il a également peint un Héros nu, œuvre où il a défié la nature elle-même. Il existe — ou il a existé — de sa main un cheval, peint lors d'un concours, à propos duquel il en appela du jugement des hommes à celui des quadrupèdes pourtant muets. En effet, s'apercevant que ses rivaux l'emportaient grâce à leurs intrigues, il fit amener des chevaux et leur montra les œuvres de chacun des artistes successivement : or ils ne hennirent que devant le cheval d'Apelle, et l'on utilisa toujours ce procédé par la suite, à titre de test évident de valeur artistique[222]. Il exécuta également un Néoptolème[223] à cheval luttant contre les Perses, un Archelaus avec sa femme et sa fille[224] et un Antigone cuirassé marchant à côté de son cheval. Les connaisseurs en matière artistique mettent avant toutes ses œuvres son Portrait équestre du même roi et sa Diane au milieu d'un cortège de jeunes filles offrant un sacrifice[225], tableau où il paraît avoir surpassé les vers d'Homère décrivant la même scène. Il a peint, de plus, des sujets que la peinture ne peut guère représenter, le tonnerre, la foudre et les éclairs[226] : on leur donne le nom de Bronté, Astrapé et Ceraunobolia.

224. On connaît deux Archélaos : voir Arrien, *Anab.*, III, 29, 1 et 16, 9.

225. Sans doute une confusion de Pline due aux deux sens du verbe *thuô* = bondir et sacrifier, car il n'est pas question de sacrifice en *Odyssée*, VI, 101 *sq.*

226. Voir Reinach, p. 344, n. 2.

Inuenta eius et ceteris profuere in arte ; unum 97
imitari nemo potuit, quod absoluta opera atramento
inlinebat ita tenui, ut id ipsum, repercussum, cla-
ritatis colorem al*b*um excitaret custodiretque a
puluere et sordibus, ad manum intuenti demum
appareret, sed et tum ratione magna ne claritas
colorum aciem offenderet ueluti per lapidem specu-
larem intuentibus, et e longinquo eadem res nimis
floridis coloribus austeritatem occulte daret.

Aequalis eius fuit Aristides Thebanus. Is omnium 98
primus animum pinxit et sensus hominis expressit,
quae uocant Graeci ἤθη, item perturbationes, durior
paulo in coloribus. Huius opera oppido capto ad
matris morientis ex uolnere mammam adrepens
infans, intellegiturque sentire mater et timere, ne
emortuo lacte sanguinem lambat. Quam tabulam
Alexander Magnus transtulerat Pellam in patriam
suam. Idem pinxit proelium cum Persis, centum 99
homines tabula ea conplexus pactusque in singulos
mnas denas a tyranno Elatensium Mnasone. Pinxit

227. Sans doute un vernis fait à base d'un noir. Mais voir § 41 sur
le noir *atramentum*. Pline aurait traduit un texte grec dont il ne com-
prenait pas le sens.

228. Aristide II, fils de Nicomaque, v. 360-310. Les deux Aristide
sont difficiles à distinguer, mais la plupart des œuvres mentionnées
infra, sauf le *Combat contre les Perses* et la *Léontion*, sont attribuées
au premier.

Ses inventions dans le domaine artistique ont aussi profité aux autres. Mais l'une d'elles n'a pu être imitée par personne : c'est celle qui consistait, une fois ses tableaux terminés, à y passer une couche d'*atramentum*[227] si légère que, formant une surface réfléchissante, elle produisait une couleur blanche due à l'éclat lumineux, tout en constituant une protection contre la poussière et les saletés ; elle n'était visible que de tout près, mais même en ce cas, grâce à un savoir-faire accompli, elle empêchait que l'éclat des couleurs ne blessât la vue — comme si l'on regardait au travers d'une pierre spéculaire — ; et de loin le même procédé donnait, sans que l'on s'en aperçût, un ton plus sombre aux couleurs trop éclatantes.

Il eut comme contemporain Aristide de Thèbes[228]. Celui-ci fut le premier peintre psychologique ; il sut exprimer les sentiments humains, que les Grecs nomment êthê ainsi que les passions ; son coloris est un peu dur. Comme œuvres de lui il y a : un Nourrisson qui, lors de la prise d'une ville, rampe vers le sein de sa mère en train de mourir d'une blessure ; on voit que la mère s'en aperçoit et craint que, son lait étant tari, il ne suce son sang[229]. Alexandre le Grand avait fait transporter ce tableau à Pella, sa patrie. Le même artiste a peint un Combat contre les Perses[230], tableau où il fit tenir cent guerriers, pour chacun desquels il convint du prix de dix mines avec Mnason, tyran d'Élatée[231]. Il a également

---

229. Tableau peint avant le sac de Thèbes en 324 av. J.-C. Voir l'épigramme d'Émilien, *Anthologie*, VII, 623, et Reinach, p. 273.

230. Sans doute une bataille d'Alexandre.

231. Élève et ami d'Aristote, tyran d'Élatée de - 338 à - 297.

et currentes quadrigas et supplicantem paene cum
uoce et uenatores cum captura et Leontion Epicuri
et anapauomenen propter fratris amorem, item Liberum et Ariadnen spectatos Romae in aede Cereris,
tragoedum et puerum in Apollinis, cuius tabulae 100
gratia interiit pictoris inscitia, cui tergendam eam
mandauerat M. Iunius praetor sub die ludorum
Apollinarium. Spectata est et in aede Fidei in Capitolio senis cum lyra puerum docentis. Pinxit et
aegrum sine fine laudatum tantumque arte ualuit,
ut Attalus rex unam tabulam eius centum talentis
emisse tradatur.

Simul, ut dictum est, et Protogenes floruit. Patria 101
ei Caunus, gentis Rhodiis subiectae. Summa pauper-
tas initio artisque summa intentio et ideo minor
fertilitas. Quis cum docuerit, non putant constare ;
quidam et naues pinxisse usque ad quinquagesi-
mum annum ; argumentum esse, quod cum Athenis
celeberrimo loco Mineruae delubri propylon pingeret, ubi fecit nobilem Paralum et Hammoniada,
quam quidam Nausicaan uocant, adiecerit paruolas
naues longas in iis, quae pictores parergia appellant,

232. Probablement destiné à une offrande après une victoire.
233. Probablement un homme en prière *(adorans)*.
234. Attribution contestée. Léontion était la rivale de Glycère,
présente à Athènes vers - 325, tandis qu'Épicure s'y trouve dès - 323.
235. Amour ou **tendresse** ? Voir Reinach, p. 277, n. 1.
236. Dionysos et Ariane.
237. Voir Pline, *HN*, XXXIV, § 15.
238. Sans doute un vieil acteur donnant une leçon à un enfant
239. Temple d'Apollon Sosien.
240. Sans doute le consul de - 25.
241. Célébrés en - 13.
242. Sans doute un tableau votif consacré à Asclépios.
243. Voir Pline, *HN*, VII, 27.

peint des Quadriges en pleine course[232], un Suppliant qui donne presque l'illusion de parler[233], des Chasseurs avec leur gibier, Léontion, protégée d'Épicure[234] et la Fille qui languit *(Anapauomène)* d'amour pour son frère[235], ainsi que Liber et Ariane[236], que l'on a pu contempler à Rome, dans le temple de Cérès[237], et le Tragédien et l'enfant[238], exposé dans celui d'Apollon[239], tableau dont la qualité fut gâtée par la maladresse d'un peintre, à qui le prêteur M. Junius[240] l'avait confié pour le nettoyer avant la célébration des jeux Apolliniens[241]. On a pu contempler aussi, dans le temple de la Bonne Foi sur le Capitole, l'image d'un Vieillard donnant des leçons de lyre à un jeune garçon. Il a peint également un Malade[242], sur lequel on n'a pas tari d'éloges ; il était si estimé au point de vue artistique que le roi Attale[243], à ce que l'on rapporte, donna cent talents pour un seul de ses tableaux.

Toujours à la même époque, à ce que l'on dit, Protogène connut sa plus belle période. Il était de Caunus et appartenait à une communauté soumise à Rhodes[244]. Au début il était très pauvre et s'appliquait au plus haut point à son art : aussi sa production était-elle restreinte. Le nom de son maître ne peut, semble-t-il, être établi avec certitude[245] ; certains prétendent que jusqu'à cinquante ans il peignit des navires : la preuve en serait que, lorsqu'il décorait à Athènes, en un emplacement très fameux, les propylées du sanctuaire de Minerve, où il a représenté en une peinture célèbre Paralus et Hammonias — appelée par quelques-uns Nausicaa —[246], il y ajouta de petits vaisseaux de guerre dans des compositions que les peintres nomment « hors-d'œuvre » *(parergia*[247]*)*, pour bien montrer d'où son

---

244. Vers 330-290.

245. Voir Pline, *HN*, XXXIV, 51.

246. Passage très controversé. Probablement s'agit-il de personnifications de vaisseaux.

247. C'est-à-dire des détails.

ut appareret, a quibus initiis ad arcem ostentationis
opera sua peruenissent. Palmam habet tabularum 102
eius Ialysus, qui est Romae dicatus in templo Pacis.
Cum pingeret eum, traditur madidis lupinis uixisse,
quoniam simul et famem sustineret et sitim nec
sensus nimia dulcedine obstrueret. Huic picturae
quater colorem induxit contra subsidia iniuriae et
uetustatis, ut decedente superiore inferior succederet.
Est in ea canis mire factus, ut quem pariter et casus
pinxerit. Non iudicabat se in eo exprimere spumam
anhelantis, cum in reliqua parte omni, quod difficillimum erat, sibi ipse satisfecisset. Displicebat autem 103
ars ipsa : nec minui poterat et uidebatur nimia ac lon-
gius a ueritate discedere, spumaque pingi, non ex ore
nasci. Anxio animi cruciatu, cum in pictura uerum
esse, non uerisimile uellet, absterserat saepius mutaue-
ratque penicillum, nullo modo sibi adprobans. Postremo iratus arti, quod intellegeretur, spongeam
inpegit inuiso loco tabulae. Et illa reposuit ablatos
colores qualiter cura optauerat, fecitque in pictura
fortuna naturam.

---

248. Héros éponyme d'une cité rhodienne ; il est ici représenté en
chasseur.

249. Voir Pline, *HN*, XXXVI, 102.

œuvre était partie pour en arriver à ce sommet où elle s'offrait glorieusement aux regards. Parmi ses tableaux, la palme revient à l'Ialysus[248], qui est à Rome, consacré dans le Temple de la Paix[249]. Quand il y travaillait, on raconte qu'il vécut de lupins bouillis, aliment qui lui permettait en même temps de satisfaire sa faim et sa soif et de ne pas émousser sa sensibilité par un régime trop agréable. Pour cette peinture il utilisa quatre couches de couleur[250] afin qu'elle résistât aux menaces des dégradations de la vétusté, de telle sorte que, si la couche supérieure disparaissait, celle de dessous la remplaçât. Il y a dans ce tableau un chien dont l'exécution est objet de curiosité, car cette effigie doit aussi au hasard, **et** pour une part égale, sa réalisation. L'artiste trouvait que, chez ce chien, il n'arrivait pas à rendre l'écume de l'animal haletant, alors que tous les autres détails le satisfaisaient, ce qui était fort difficile. En fait, ce qui lui déplaisait, c'était l'habileté technique elle-même : il ne pouvait en atténuer l'effet, bien qu'elle lui semblât excessive et trop éloignée de la vérité : l'écume avait l'air d'être peinte et non naturellement issue de la gueule. L'esprit inquiet et tourmenté, voulant obtenir dans sa peinture le vrai et non le vraisemblable, il avait bien souvent effacé, avait changé de pinceau, sans arriver en aucune manière à se contenter. Finalement il se mit en colère contre cet art trop perceptible et lança son éponge contre la partie du tableau qui ne lui plaisait pas. Or l'éponge remplaça les couleurs effacées de la façon qu'il avait souhaitée dans son souci de bien faire. C'est ainsi que, dans cette peinture, la chance produisit l'effet de la nature[251].

---

250. Peut-être une peinture à la détrempe.

251. Même anecdote à propos d'Apelle. Voir Dion Chrysostome, *Or.*, 63, 4.

Hoc exemplo eius similis et Nealcen successus 104
spumae equi similiter spongea inpacta secutus dici-
tur, cum pingeret poppyzonta retinentem eum. Ita
Protogenes monstrauit et fortunam. Propter hunc
Ialysum, ne cremaret tabulam, Demetrius rex, cum
ab ea parte sola posset Rhodum capere, non incen-
dit, parcentemque picturae fugit occasio uictoriae.
Erat tunc Protogenes in suburbano suo hortulo, hoc 105
est Demetrii castris, neque interpellatus proeliis
incohata opera intermisit omnino nisi accitus a rege,
interrogatusque, qua fiducia extra muros ageret,
respondit scire se cum Rhodiis illi bellum esse, non
cum artibus. Disposuit rex in tutelam eius stationes,
gaudens quod manus seruaret, quibus pepercerat, et,
ne saepius auocaret, ultro ad eum uenit hostis relic-
tisque uictoriae suae uotis inter arma et murorum
ictus spectauit artificem ; sequiturque tabulam illius
temporis haec fama, quod eam Protogenes sub gla-
dio pinxerit : Satyrus hic est, quem anapauomenon 106
uocant, ne quid desit temporis eius securitati, tenen-

---

252. Voir § 142 et 145.
253. Voir § 102 et Plutarque, *Demetr.*, 22.

On dit qu'à son exemple Néalcès[252] obtint un succès semblable pour rendre l'écume d'un cheval : il lança son éponge sur le tableau de la même manière, alors qu'il peignait un homme retenant l'animal en claquant de la langue. Ainsi Protogène montra-t-il jusqu'aux effets de la chance. C'est à cause de cet Ialysus et pour éviter de brûler le tableau que le roi Démétrius ne fit pas mettre le feu à Rhodes, car il ne pouvait prendre la ville que du côté où se trouvait l'ouvrage[253] et, pour avoir épargné une peinture, il laissa échapper la victoire. Protogène se trouvait alors dans son petit jardin aux abords de la cité, où précisément Démétrius avait son camp ; il ne se laissa pas distraire par les combats et n'interrompit nullement l'œuvre commencée, si ce n'est sur une convocation du roi qui lui demanda les raisons pour lesquelles il restait hors des murs avec tant d'assurance. Le peintre répondit que Démétrius, il le savait bien, faisait la guerre à Rhodes, mais non aux arts. Alors le roi, heureux de pouvoir protéger les mains qu'il avait épargnées, fit placer des gardes pour assurer sa protection et, pour ne pas le déranger trop souvent, il vint de lui-même, lui, son ennemi, visiter l'artiste, laissant de côté son aspiration à la victoire, et au milieu des combats, en plein siège, il se plut à contempler l'œuvre de l'artiste[254] ; et encore aujourd'hui on dit du tableau que Protogène peignit à cette occasion qu'il l'exécuta « sous le glaive » : il s'agit du Satyre[255], appelé l'*Anapauomène* (au repos) : pour marquer qu'aucun élément occasionnel favorable à sa sécurité ne fait défaut, il tient une double flûte. Il est

254. Le siège de Rhodes par Démétrios Poliorcète eut lieu en - 305/-304. Voir Pline, *HN*, XXXIV, 41.

255. Voir Strabon, XIV, 2, 5, qui suggère que le personnage est appuyé à une colonne.

tem tibias. Fecit et Cydippen *et* Tlepolemum, Philis-
cum, tragoediarum scriptorem, meditantem et athletam et Antigonum regem, matrem Aristotelis phi-
losophi, qui ei suadebat ut Alexandri Magni opera
pingeret propter aeternitatem rerum. Impetus animi
et quaedam artis libido in haec potius eum tulere.
Nouissime pinxit Alexandrum et Pana. Fecit et
signa ex aere, ut diximus.

Eadem aetate fuit Asclepiodorus, quem in symme- 107
tria mirabatur Apelles. Huic Mnaso tyrannus pro
duodecim diis dedit in singulos mnas tricenas, idemque Theomnesto in singulos heroas uicenas.

His adnumerari debet et Nicomachus, Aristi*dis* 108
filius ac discipulus. Pinxit raptum Proserpinae, quae
tabula fuit in Capitolio in Mineruae delubro supra
aediculam Iuuentatis, et in eodem Capitolio, quam
Plancus imperator posuerat, Victoria quadrigam in
sublime rapiens. Vlixi primus addidit pilleum. 109
Pinxit et Apollinem ac Dianam, deumque matrem
in leone sedentem, item nobiles Bacchas obreptanti-

256. Probablement la mère que la mythologie attribue à Ialysos.

257. Le héros rhodien par excellence.

258. Philiskos de Corcyre, l'un des sept poètes tragiques de la
Pléiade, vécut surtout à Alexandrie et participa en - 284 à la grande
pompé de Ptolémée Philadelphe.

259. Phoestis. Le portrait aurait été exécuté avant - 330.

260. Le meurtre de Callisthène ayant brouillé Aristote et
Alexandre, le conseil doit être d'avant - 325.

261. Alexandre y figurait sous les traits de Dionysos accompagné
de Pan, son écuyer, Alexandre ayant été introduit en 323, comme nouveau Dionysos, parmi les dieux de la cité.

262. Sans doute contemporain d'Aristide et élève de Nicomaque.
Voir § 80.

également l'auteur d'une Cydippé[256] ainsi que d'un Tlépolème[257], d'un Philiscus[258], le poète tragique, en méditation, ainsi que d'un Athlète et d'un Portrait du roi Antigone, d'une effigie de la Mère du philosophe Aristote[259] qui lui conseillait de peindre les hauts faits d'Alexandre le Grand en raison de leur caractère éternel[260] : mais sa disposition d'esprit et un certain caprice d'artiste le portèrent plutôt à traiter les sujets dont on a parlé ; ses dernières œuvres furent un Alexandre et un Pan[261]. Il a fait aussi des statues de bronze, comme nous l'avons dit.

À la même époque appartint Asclépiodore[262] dont Apelle admirait la science et les proportions. Pour un tableau des Douze Dieux le tyran Mnason[263] lui donna trente mines par personnage. Le même donna à Théomneste[264] vingt mines pour chacun des héros d'une peinture.

On doit ajouter à cette liste Nicomaque[265], fils et élève d'Aristide. Il peignit le Rapt de Proserpine, tableau qui s'est trouvé un temps au Capitole[266], dans le sanctuaire de Minerve, au-dessus de la chapelle de la Jeunesse ; et, également au Capitole, il y avait autrefois sa Victoire enlevant un quadrige vers le ciel, œuvre placée là par le général victorieux Plancus[267]. Il fut le premier peintre à représenter Ulysse avec un bonnet[268]. Il a peint aussi Apollon et Diane, la Mère des Dieux assise sur un lion[269], ainsi que les célèbres Bacchantes, auprès desquelles des satyres se glissent, et une Scylla, qui se

263. Voir § 99 et n. 328.
264. Sans doute contemporain d'Aristide et élève de Nicomaque.
265. Vers 390-340.
266. Allusion à l'incendie de 69.
267. L. Munacius Plancus, qui triompha en - 43 (consul en - 42).
268. Le bonnet de feutre était la coiffure des marins. On a également attribué cette invention à Apollodore.
269. Phidias avait sculpté une Cybèle entre deux lions.

bus Satyris, Scyllamque, quae nunc est Romae in
templo Pacis. Nec fuit alius in ea arte uelocior. Tradunt namque conduxisse pingendum ab Aristrato,
Sicyoniorum tyranno, quod is faciebat Telesti poetae monimentum praefinito die, intra quem perage-
retur, nec multo ante uenisse, tyranno in poenam
accenso, paucisque diebus absoluisse et celeritate et
arte mira. Discipulos habuit Aristonem fratrem et 110
Aristiden filium et Philoxenum Eretrium, cuius
tabula nullis postferenda, Cassandro regi picta, con-
tinuit Alexandri proelium cum Dario. Idem pinxit
et lasciuiam, in qua tres Sileni comissantur. Hic
celeritatem praeceptoris secutus breuiores etiamnum
quasdam picturae conpendiarias inuenit.

Adnumeratur his et Nicophanes, elegans ac con- 111
cinnus ita, ut uenustate ei pauci conparentur ; cothur-
nus et grauitas artis multum a Zeuxide et Apelle
abest. Apellis discipulus Perseus, ad quem de hac arte
scripsit, huius fuerat aetatis. Aristidis Thebani discipuli fuerunt et filii Niceros et Ariston, cuius est

270. Voir Virgile, *Bucol.*, VI, 71-77, et *Én*, III, 426-428.
271. Tyran de Sicyone de - 360 à - 357.
272. Poète dithyrambique né à Sélimonte, il remporta le premier prix à Athènes en 401.
273. Fils d'Aristide Ier.
274. Aristide II. Voir § 98 et 111.
275. Voir Reinach, p. 270 *sq*.

trouve maintenant à Rome dans le Temple de la Paix[270]. Personne ne fut, dans son art, plus rapide que lui. En effet on raconte que le tyran de Sicyone, Aristrate[271], lui passa commande de peintures pour orner le monument qu'il élevait au poète Télestès[272], avec un délai de rigueur pour l'exécution. Or le peintre n'arriva que peu de temps avant le terme, à la grande colère du tyran, qui voulait le punir ; mais, en l'espace de quelques jours, il acheva son œuvre avec une rapidité et une habileté remarquables. Il eut comme élèves son frère Ariston[273], son fils Aristide[274], ainsi que Philoxène d'Érétrie[275], dont le tableau qu'il peignit pour le roi Cassandre est à mettre au rang des chefs-d'œuvre absolus : c'est celui où il a représenté une bataille entre Alexandre et Darius. Le même auteur a également peint une scène de débauche, où trois Silènes sont en pleine beuverie[276]. C'est lui qui, suivant l'exemple de son maître pour la rapidité, découvrit pour peindre certains procédés abrégés, d'une exécution encore plus courte.

On joint aussi à ces noms celui de Nicophanès[277], peintre élégant et soigné, à tel point que peu lui sont comparables pour la grâce ; mais pour le style tragique et sérieux il est bien loin de Zeuxis et d'Apelle. Persée, élève d'Apelle, à qui celui-ci adressa son ouvrage sur la peinture, avait appartenu à cette génération. Aristide de Thèbes eut pour élèves ses fils, Nicéros et Ariston[278]: ce dernier est l'auteur d'un Satyre couronné tenant une

---

276. Le terme *lascivia* suggère une scène où les Silènes enlacent les Ménades.

277. Sur Nikophanès, voir § 137. Sur Persée, voir Croisille, note 3 du § 111 (éd. CUF).

278. Voir Reinach, p. 280 *sq.*, pour la filiation des peintres de cette école.

Satyrus cum scypho coronatus, discipuli Antorides et Euphranor, de quo mox dicemus.

XXXVII. Namque subtexi par est minoris pictu- 112 rae celebres in penicillo, e quibus fut Piraeicus : arte paucis postferendus, proposito nescio an destruxerit se, quoniam humilia quidem secutus humilitatis tamen summam adeptus est gloriam. Tonstrinas sutrinasque pinxit et asellos et obsonia ac similia, ob haec cognominatus rhyparographos, in iis consummatae uoluntatis, quippe eae pluris ueniere quam maximae multorum. E diuerso Maeniana, inquit Varro, omnia operiebat Scrapionis tabula sub Vete- 113 ribus. Hic scaenas optime pinxit, sed hominem pingere non potuit. Contra Dionysius nihil aliud quam homines pinxit, ob id anthropographos cognominatus. Parua et Callicles fecit, item Calates comicis 114 tabellis, utraque Antiphilus. Namque et Hesionam nobilem pinxit et Alexandrum ac Philippum cum Minerua, qui sunt in schola in Octauiae porticibus, et in Philippi Liberum patrem, Alexandrum puerum, Hippolytum tauro emisso expauescentem, in

279. Voir Reinach, *ibid.*

280. Voir § 128.

281. Fin IVe siècle. Voir Croisille, « Deux artistes mineurs chez Pline l'Ancien », *R. Ph.*, 42, 1968, p. 101 *sq.*

282. Ce Sérapion — probablement alexandrin — est inconnu par ailleurs.

283. Galeries traduit le latin *maeniana*, du nom du censeur Maenius ; le terme devint un nom commun au sens de galerie à l'étage supérieur d'un édifice.

284. Probablement celui du § 148.

285. Auteur d'œuvres inspirées de mimes et de comédies.

286. Antiphile l'Égyptien, vers 310-280, peintre de scènes comiques et de grandes compositions.

coupe ; comme autres élèves Aristide eut Antoridès[279] et Euphranor[280], de qui nous parlerons bientôt.

XXXVII. Car il y a lieu d'insérer ici les artistes dont le pinceau s'est illustré dans des genres picturaux mineurs. Parmi eux il y a Piraeicus[281] : bien qu'il fût inférieur à peu de peintres sur le plan de l'art, je ne sais si, par son choix délibéré, il ne s'est pas fait du tort, puisque, tout en se bornant à des sujets bas, il n'en a pas moins atteint dans le genre le sommet de la gloire. Il a peint des boutiques de barbiers et de cordonniers, des ânes, des comestibles et d'autres sujets du même ordre — il fut pour cela surnommé le « rhyparographe » (peintre d'objets vils) —, faisant montre en cela d'un choix fort habile, car le prix de tels tableaux monta bien plus que les très grandes compositions de nombreux maîtres. En revanche, dit Varron, un tableau de Sérapion[282] recouvrait l'ensemble des galeries[283] près des Vieilles Boutiques. Cet artiste fut un excellent peintre de décors mais fut incapable de peindre un être humain. À l'inverse, Dionysius ne peignit que des figures humaines et reçut pour cela le surnom d' « anthropographe[284] ». Calliclès, lui aussi, exécuta de petits sujets, ainsi que Calatès[285], dans des tableaux comiques ; Antiphile travailla dans les deux genres[286] : en effet il a peint une célèbre Hésioné[287], ainsi qu'Alexandre et Philippe en compagnie de Minerve[288], tableaux actuellement exposés dans la galerie qui se trouve sous le Portique d'Octavie[289] ; sous le Portique de Philippe[290] il y a son Liber Pater, son Alexandre enfant et son Hippolyte épouvanté à la vue du taureau lancé

287. Fille de Laomédon, roi de Troie, délivrée par Hercule du monstre qui allait la dévorer.

288. Reinach pense à un groupe des deux rois présidés par une Athéna Niké qui leur donnerait la palme.

289. Voir Pline, *HN*, XXXIV, 31 ; XXXVI, 15, 22, 24, 28, 34 et 42, et *infra*, § 139.

290. Voir § 66 et 144.

Pompeia uero Cadmum et Europen. Idem iocosis nomine Gryllum deridiculi habitus pinxit, unde id genus picturae grylli uocantur. Ipse in Aegypto natus didicit a Ctedesimo.

Decet non sileri et Ardeatis templi pictorem, prae- 118 sertim ciuitate donatum ibi et carmine, quod est in ipsa pictura his uersibus :

> Dignis digna. Loco picturis condecorauit
> reginae Iunonis supremi coniugis templum
> Plautius Marcus, cluet Asia lata esse oriundus,
> quem nunc et post semper ob artem hanc Ardea
>   laudat,

eaque sunt scripta antiquis litteris Latinis.

Non fraudando et Studio diui Augusti aetate, qui 116 primus instituit amoenissimam parietum picturam, uillas et portus ac topiaria opera, lucos, nemora, colles, piscinas, euripos, amnes, litora, qualia quis optaret, uarias ibi obambulantium species aut nauigantium terraque uillas adeuntium asellis aut uehiculis, iam piscantes, aucupantes aut uenantes aut

291. Sans doute inspiré d'Euripide. Voir Philostrate l'Ancien, *imag.*, II, 4.

292. Voir § 59, 126, 132.

293. Voir Achille Tatius, *Les Aventures de Leucippé et de Clitophon*, I, 1.

294. Le nom de Gryllos était assez répandu, mais le grec *gryllos* signifie porc et le *grylismos* était une danse dans laquelle les danseurs se travestissaient en pourceaux. Telle est l'étymologie implicite de Pline Voir Reinach, p. 386, n. 1.

contre lui[291] ; enfin sous le Portique de Pompée[292] on
voit son Cadmus avec Europe[293]. C'est lui également
qui a peint dans des œuvres plaisantes un personnage
nommé Gryllus, à l'accoutrement ridicule, d'où l'appel-
lation générique de grylles attribuée à ce genre de peinture[294]. Il naquit en Égypte et eut pour maître
Ctésidème[295].

Il serait convenable de ne pas passer non plus sous
silence le peintre du temple d'Ardée[296], si l'on songe en
particulier qu'il reçut le droit de cité dans cette ville et
qu'un poème lui fut dédié, ainsi libellé, sur la peinture
même :

> Aux artistes méritants ce qu'ils méritent : Loco[297] a orné
> d'un ensemble pictural le temple de Iuno Regina, épouse du
> dieu suprême ; il s'agit de Plautius Marcus : il est, dit-on, ori-
> ginaire de la vaste Asie : aujourd'hui et à tout jamais son art lui
> vaut les louanges d'Ardée.

Ces lignes sont tracées en anciens caractères latins.

Il ne faut pas non plus priver de son dû Studius[298] qui
vécut à l'époque du divin Auguste : il fut le premier à
imaginer une façon tout à fait charmante de peindre les
parois, y figurant des maisons de campagne et des ports
ainsi que des thèmes paysagistes, bosquets sacrés, bois,
collines, étangs poissonneux, euripes, rivières, rivages,
au gré de chacun, et y introduisit diverses effigies de
personnages se promenant à pied ou en barque, se ren-
dant, sur la terre ferme, à leur maison rustique à dos
d'âne ou en voiture, voire en train de pêcher, d'attraper

---

295. Voir § 170.
296. Voir § 17.
297. A. Rouveret propose « À ceux qui le méritent des récom-
penses dignes du lieu... ». Voir Croisille, note 2 du § 115 (éd. CUF).
298. Peintre de parois et auteur de paysages architecturaux.

etiam uindemiantes. Sunt in eius exemplaribus nobi- 117
les palustri accessu uillae, succollatis sponsione
mulieribus labantes trepidis quae feruntur, plurimae
praeterea tales argutiae facetissimi salis. Idem sub-
dialibus maritimas urbes pingere instituit, blandis-
simo aspectu minimoque inpendio.

Sed nulla gloria artificum est nisi qui tabulas 118
pinxere. Eo uenerabilior antiquitatis prudentia apparet. Non enim parietes excolebant dominis tantum
nec domos uno in loco mansuras, quae ex incendiis
rapi non possent. Casa Protogenes contentus erat
in hortulo suo ; nulla in Apellis tectoriis pictura erat.
Nondum libebat parietes totos tinguere ; omnium
eorum ars urbibus excubabat, pictorque res commu-
nis terrarum erat.

Fuit et Arellius Romae celeber paulo ante diuum 119
Augustum, ni flagitio insigni corrupisset artem, semper ei lenocinans, cuius feminae amore flagra*ret*, et
ob id deas pingens, sed dilectarum imagine. Itaque
in pictura eius scorta numerabantur. Fuit et nuper 120

299. Jugement moral de la part de Pline.
300. Glose sur le thème des commanditaires privés opposés à la
cité, qui équivaut à une condamnation de la peinture murale.

des oiseaux, de chasser ou même de vendanger. Bien connues parmi ses œuvres sont celles où l'on voit des hommes qui, près d'une demeure campagnarde à laquelle on accède à travers un marécage, ont pris des femmes sur leur dos avec engagement de les transporter et qui chancellent, à la grande frayeur de leur fardeau, ainsi que bien d'autres détails expressifs du même ordre où se révèle la finesse de son humour. Le même artiste a introduit l'usage de peindre, sur des parois à l'air libre, des représentations de cités en bord de mer d'aspect fort agréable, cela pour un prix de revient minime.

Mais il n'est de gloire artistique que pour ceux qui ont peint des tableaux de chevalet[299]. C'est ce qui rend, à l'évidence, d'autant plus respectable la sagesse de l'antiquité ; en effet on ne décorait pas alors les parois au seul usage des propriétaires[300] et on n'ornait pas des demeures destinées à rester en place sans pouvoir être sauvées de l'incendie. Protogène se contentait d'un pavillon dans son petit jardin[301] ; chez Apelle aucune peinture ne se trouvait sur le revêtement mural. Ce n'était pas encore la mode de colorer des parois entières ; tous ces gens-là ne mobilisaient leur art que pour leurs cités et le peintre était le bien commun de l'univers.

Peu avant l'époque du divin Auguste un nommé Arellius[302] acquit également à Rome une célébrité qui lui serait restée si, par un sacrilège indigne, il n'avait dégradé son art, car il voulait plaire à chaque femme dont il tombait amoureux et pour cela peignait des déesses tout en leur donnant les traits de ses maîtresses. Aussi pouvait-on, en voyant ses peintures, faire le compte des prostituées qu'il avait fréquentées. Tout récem-

301. Voir § 105.
302. Voir Croisille, note 1 du § 119 (éd. CUF).

grauis ac seuerus idemque floridus *ac* umidus pictor
Famulus. Huius erat Minerua spectantem spectans,
quacumque aspiceretur. Paucis diei horis pingebat,
id quoque cum grauitate, quod semper togatus,
quamquam in machinis. Carcer eius artis domus
aurea fuit, et ideo non extant exempla alia magnopere. Post eum fuere in auctoritate Cornelius Pinus
et Attius Priscus, qui Honoris et Virtutis aedes impe-
ratori Vespasiano Augusto restituenti pinxerunt,
Priscus antiquis similior.

XXXVIII (11). Non est omittenda in picturae 12
mentione celebris circa Lepidum fabula, siquidem
in triumuiratu quodam loco deductus a magistrati-
bus in nemorosum hospitium minaciter cum iis postero die expostulauit somnum ademptum sibi uolucram
concentu ; at illi draconem in longissima membrana
depictum circumdedere luco, eoque terrore aues
tunc siluisse narratur et postea posse compesci.

XXXIX. Ceris pingere ac picturam inurere quis 12?
primus excogitauerit, non constat. Quidam Aristidis
inuentum putant, postea consummatum a Praxitele ;

303. Voir Croisille, note 2 du § 120 (éd. CUF).
304. Sans doute des classicisants. Le nom du second a été cité à
propos du *Sacrifice d'Iphigénie* de la Maison du Poète tragique.
305. Temple fondé en - 234 près de la porte Capène, restauré en
- 208 pour accueillir les œuvres d'art prises à Syracuse.
306. Issu de la *gens Æmilia*, forma le second triumvirat avec
Octave et Antoine (43-36).

ment vécut aussi le peintre Famulus[303], au style digne et sévère tout en étant éclatant et fluide De sa main était une Minerve, qui, de quelque côté qu'on la contemplât, avait le regard dirigé vers le spectateur. Il ne peignait que quelques heures par jour, et cela avec dignité, car, même sur son échafaudage, il était toujours revêtu de la toge. La Maison d'Or fut la prison de son art : aussi n'existe-t-il guère ailleurs d'ouvrages de ce peintre. Après lui eurent de la notoriété Cornelius Pinus et Attius Priscus[304], qui peignirent le sanctuaire d'Honos et Virtus[305] pour la restauration qu'y effectua l'empereur Vespasien. Priscus était celui qui se rapprochait le plus du style antique.

XXXVIII (**11**). Parlant de peinture, on ne saurait passer sous silence une anecdote fameuse concernant Lépide[306] : pendant son triumvirat, il fut logé par les magistrats de je ne sais quelle cité dans une maison entourée de bois, et le lendemain il se plaignit auprès d'eux en termes comminatoires d'avoir été privé de sommeil par le chant des oiseaux ; alors les autorités entourèrent le bosquet d'une très longue bande de parchemin sur laquelle était peint un serpent : cet épouvantail, à ce que l'on raconte, fit alors taire les oiseaux et l'on sut que c'était là un moyen pour arrêter leurs chants à l'avenir[307].

XXXIX. On ne sait pas au juste qui découvrit la peinture à la cire et le procédé de l'encaustique. Certains pensent que ce fut une invention d'Aristide[308], perfectionnée ensuite par Praxitèle[309] ; cependant il y a des

307. Cf. la décoration de la Casa del Fruttetto, à Pompéi.

308. Voir § 75.

309. Voir § 133. Praxitèle y aurait recouru pour la *circumlitio* (pose de fards) afin de souligner par la couleur les différentes parties des statues.

sed aliquanto uetustiores encaustae picturae exstitere, ut Polygnoti et Nicanoris, Mnesilai Pariorum.
Elasippus quoque Aeginae picturae suae inscripsit
ἐνέκαεν, quod profecto non fecisset nisi encaustica
inuenta.

XL. Pamphilus quoque, Apellis praeceptor, non **123**
pinxisse solum encausta, sed etiam docuisse traditur
Pausian Sicyonium, primum in hoc genere nobilem.
Bryetis filius hic fuit eiusdemque primo discipulus.
Pinxit et ipse penicillo parietes Thespiis, cum reficerentur quondam a Polygnoto picti, multumque com-
paratione superatus existimabatur, quoniam non suo
genere certasset. Idem et lacunaria primus pingere **124**
instituit, nec camaras ante eum taliter adornari mos
fuit ; paruas pingebat tabellas maximeque pueros.
Hoc aemuli interpretabantur facere eum, quoniam
tarda picturae ratio esset illa. Quam ob rem daturus
et celeritatis famam absoluit uno die tabellam quae
uocata est hemeresios, puero picto. Amauit in iuuenta **125**

---

310. Voir § 58.

311. Ces peintres ne sont connus que par ce passage ; probablement des élèves de Polygnote.

312. Seule mention de ce peintre : le texte implique seulement
qu'on montrait de lui, à Égine, une peinture à l'encaustique (*enékaen*).

313. Voir § 75.

314. Vers 380-330, surtout connu comme peintre de *putti* et de
guirlandes décoratives.

peintures à l'encaustique notablement plus anciennes, par exemple de Polygnote[310], de Nicanor et de Mnésilas[311], tous trois de Paros. De même Elasippus d'Égine[312] porta sur une de ses peintures l'inscription *enékaen* ce qu'il n'aurait certainement pas fait si l'encaustique n'avait pas été découverte.

XL. De même Pamphile[313], le maître d'Apelle, ne se contenta pas, dit-on, de peindre à l'encaustique, mais enseigna le procédé à Pausias[314] de Sicyone, le premier à devenir célèbre dans le genre. Pausias était fils de Bryetès et commença par être son élève. Il peignit également au pinceau des parois à Thespies, parois autrefois peintes par Polygnote[315] et que l'on restaurait ; mais, par comparaison, on considérait qu'il était bien inférieur, ce qui s'explique du fait qu'il ne s'était pas mesuré à lui dans un genre qui fût le sien. Il fut aussi le premier à peindre les plafonds à caissons et avant lui personne n'avait coutume d'orner ainsi les voûtes[316] ; il peignait de petits tableaux, et surtout des enfants. Ses rivaux prétendaient que cette pratique était due à la lenteur de la technique qu'il utilisait. Aussi, voulant montrer également au public la rapidité du procédé[317], il acheva en un seul jour un tableau que l'on appela *Hemeresios* (peint en un jour[318]) qui représente un enfant. Dans sa jeunes-

315. Les fresques de Polygnote avaient souffert de la destruction de Thespies par les Thébains en 374. La restauration eut lieu après 335. Il s'agit non d'encaustique, mais de peinture à fresque ou à la détrempe.

316. Deux nouveautés distinctes : la décoration par caissons de plafonds à soffites (*cf.* Reinach, p. 30, n. 9) et la peinture à fresque des plafonds en coupole.

317. C'est-à-dire de la peinture à l'encaustique.

318. Voir § 109.

Glyceram municipem suam, inuentricem coronarum,
certandoque imitatione eius ad numerosissimam flo-
rum uarietatem perduxit artem illam. Postremo
pinxit et ipsam sedentem cum corona, quae e nobi-
lissimis tabula est, appellata stephanoplocos, ab aliis
stephanopo*l*is, quoniam Glycera uenditando coronas
sustentauerat paupertatem. Huius tabulae exemplar,
quod apographon uocant, L. Lucullus duobus talentis emit... Dionysius Athenis. Pausias autem fecit et 126
grandes tabulas, sicut spectatam in Pompei porticu
boum immolationem. Eam primus inuenit picturam,
quam postea imitati sunt multi, acquauit nemo. Ante
omnia, cum longitudinem bouis ostendi uellet, aduer-
sum cum pinxit, non trauersum, et abunde intellegi- 127
tur amplitudo. Dein, cum omnes, quae uolunt emi-
nentia uideri, candicanti faciant colore, quae condunt
nigro, hic totum bouem atri coloris fecit umbraeque
corpus ex ipsa dedit, magna prorsus arte in aequo

se il fut amoureux de Glycère, une de ses compatriotes, qui inventa les guirlandes de fleurs[319] ; il rivalisa avec elle et ainsi amena la technique de l'encaustique à pouvoir reproduire une immense variété de fleurs. Enfin il la peignit également en personne, assise, tenant une guirlande : c'est un tableau des plus célèbres que l'on appelle *Stéphanoplocos* (Tresseuse de guirlandes) — d'autres disent *Stéphanopolis* (Vendeuse de guirlandes), —, parce que Glycère avait gagné sa vie misérable à vendre des guirlandes. Une copie de ce tableau, — autrement dit un *apographon* —, fut achetée pour deux talents par L. Lucullus. (Son auteur est) Dionysius[320] (qui le peignit) à Athènes. Mais Pausias fit aussi des tableaux de vastes dimensions, par exemple le Sacrifice des bœufs, que l'on a pu voir au Portique de Pompée[321]. Il inventa un procédé pictural que beaucoup imitèrent ensuite, sans pouvoir l'égaler. L'innovation principale est la suivante : voulant montrer la longueur du corps d'un bœuf, il le peignit de face, non de flanc ; or on en saisit parfaitement les dimensions. Ensuite, alors que tous les peintres représentent en une couleur tirant sur le blanc les parties qu'ils veulent faire ressortir, et en noir celles qu'ils veulent cacher, il fit, lui, le bœuf tout entier de couleur sombre et donna du relief à l'ombre grâce à l'ombre même, celle-ci faisant ressortir, par un art vraiment remarquable, les formes sur une surface plane et don-

---

319. Voir Pline, *HN*, XXI, 4, où la création de la guirlande peinte est datée des années 380/370.

320. Peut-être l'œuvre dont Pline parle au § 148.

321. Voir § 59, 114 et 132. Le sujet du « sacrifice d'un bœuf » est connu par de nombreuses œuvres d'art gréco-romaines.

extantia ostendente et in confracto solida omnia.
Sicyone et hic uitam egit, diuque illa fuit patria picturae. Tabulas inde e publico omnes propter aes
alienum ciuitatis addictas Scauri aedilitas Romam
transtulit.

Post eum eminuit longe ante omnes Euphranor   128
Isthmius olympiade *CIIII* idem qui inter fictores dictus est nobis. Fecit et colossos et marmorea et typos
scalpsit, docilis ac laboriosus ante omnes et in quo-
cumque genere excellens ac sibi aequalis. Hic primus uidetur expressisse dignitates heroum et usur-
passe symmetrian, sed fuit in uniuersitate corporum
exilior et capitibus articulisque grandior. Volumina   129
quoque composuit de symmetria et coloribus. Opera
eius sunt equestre proelium, XII dei, Theseus, in quod
dixit eundem apud Parrhasium rosa pastum esse,
suum uero carne. Nobilis eius tabula Ephesi est,

322. Il faut penser au clair-obscur.

323. Voir Pline, *HN*, XXXVI, 9.

324. L'édilité de Scaurus se situe en - 58 ou - 56. Sicyone s'était
endettée après la guerre contre Mithridate.

325. Anachronisme, car Euphranor de Corinthe (vers 400-330),
élève d'Aristide Ier, est contemporain de Pausias.

326. Voir Pline, *HN*, XXXIV, 50, 77. Sur les colosses de bronze,
voir § 78.

327. Vitruve, *Praef.*, VII, 14, ne mentionne que des ouvrages sur
la symétrie.

nant l'impression complète de massivité dans la multiplicité des plans du raccourci[322]. Lui aussi, il vécut à Sicyone, et ce fut là pendant longtemps la patrie de la peinture[323]. Mais ensuite tous les tableaux appartenant au patrimoine public furent mis aux enchères à cause des dettes contractées par la cité, et Scaurus, pendant son édilité, les fit transférer à Rome[324].

Après lui, dans la 104e olympiade, se distingua bien avant tous les autres Euphranor de l'Isthme[325], le même dont nous avons parlé parmi les statuaires[326]. Il est l'auteur de statues colossales, de statues de marbre et d'effigies de terre cuite, étant d'un génie souple et d'une activité supérieure à tous, remarquable dans tous les genres et toujours égal à lui-même. Il est le premier, semble-t-il, à avoir su rendre l'aspect noble des héros et à avoir bien appliqué la règle des proportions ; cependant, saisis dans leur ensemble, ses corps sont trop grêles, ses têtes et ses articulations trop grosses. Il composa aussi des ouvrages sur les proportions[327] et les couleurs. On a de lui un Combat de cavalerie, les Douze Dieux[328], un Thésée, œuvre au sujet de laquelle il disait que le Thésée de Parrhasius était nourri de roses mais que le sien l'était de chair[329]. Il y a, à Éphèse, un tableau célèbre de sa main : on y voit Ulysse simulant la folie et attelant un bœuf avec un cheval, des personnages vêtus de man-

---

328. Les *dii consentes* formant le conseil de l'Olympe, à savoir, Vesta, Diane, Apollon, Cérès, Minerve, Jupiter, Junon, Vulcain, Vénus, Mars, Neptune, Mercure — Hercule et Proserpine prenant parfois la place de Vesta et de Neptune.

329. Les deux artistes auraient travaillé pour le même concours. On a pensé que le Thésée, pendant aux douze dieux, était entouré de douze personnages : Démos, Démokratia et les éponymes des dix tribus.

Vlixes simulata insania bouem cum equo iungens et palliati cogitantes, dux gladium condens.

Eodem tempore fuere Cydias, cuius tabulam Argo- 130 nautas HS $\overline{CXXXXIIII}$ Hortensius orator mercatus est eique aedem fecit in Tusculano suo. Euphranoris autem discipulus Antidotus. Huius est clipeo dimicans Athenis et luctator tubicenque inter pauca laudatus. Ipse diligentior quam numerosior et in coloribus seuerus maxime inclaruit discipulo Nicia Atheniense, qui diligentissime mulieres pinxit. Lumen et 131 umbras custodiit atque ut eminerent e tabulis picturae maxime curauit. Opera eius Nemea aduecta ex Asia Romam a Silano, quam in curia diximus positam, item Liber pater in aede Concordiae, Hyacinthus, quem Caesar Augustus delectatus eo secum deportauit Alexandrea capta, et ob id Tiberius Caesar in templo eius dicauit hanc tabulam et Danaen, Ephesi uero est megabyzi, sacerdotis Ephesiae Dia- 132 nae, sepulchrum, Athenis necyomantea Homeri. Hanc uendere Attalo regi noluit talentis LX potius-

<hr>

330. Voir la description de Lucien, *De domo*, 30. Parrhasios ayant traité ce thème, peut-être est-ce une confusion de Pline.

331. Peintre de l'île de Kythnos, à qui l'on doit la découverte du vermillon.

332. Q. Hortensius Hortalus (114-50), émule de Cicéron, auquel celui-ci rend maintes fois hommage, et amateur d'art.

333. Sans doute des tableaux votifs.

334. Voir § 27 et 131. C'est Nicias qui, le premier, aurait cherché à rendre le corps féminin avec autant d'application que le corps masculin.

335. Voir § 27.

336. Propréteur en Bithynie, -76/-75.

337. Voir § 66 et 144.

teaux et réfléchissant, enfin un capitaine remettant son épée au fourreau[330].

Parmi ses contemporains il y a Cydias[331], dont le tableau représentant les Argonautes fut acheté 144 000 sesterces par l'orateur Hortensius[332], qui lui fit construire une chapelle dans sa propriété de Tusculum. Euphranor eut d'autre part comme élève Antidotus. Il y a, de ce dernier, à Athènes, un Combattant armé d'un bouclier, un Lutteur ainsi qu'un Trompette[333], objet de louanges exceptionnelles. Antidotus lui-même fut plus soucieux de la précision qu'harmonieux ; ses coloris étaient sévères ; son plus grand titre de gloire fut son élève Nicias d'Athènes qui peignit les femmes avec un grand souci de précision[334]. Il observa scrupuleusement la lumière et les ombres et mit le plus grand soin à faire ressortir sur le fond des tableaux les sujets qu'il peignait. Comme œuvres de lui il y a : une Némée[335] apportée d'Asie à Rome par Silanus[336] et placée, comme nous l'avons dit, dans la curie ; également un Liber Pater[337], dans le temple de la Concorde ; un Hyacinthe[338], dont Auguste fut charmé au point de l'emporter avec lui après la prise d'Alexandrie, tableau qui, pour cette raison fut consacré dans son temple[339] par Tibère, ainsi qu'une Danaé[340]. À Éphèse, en outre, il y a de lui le tombeau d'un Mégabyze[341], prêtre de la Diane d'Éphèse, et à Athènes la Nécyomantie[342] d'Homère. Le peintre refusa de vendre ce dernier tableau au roi Attale[343] pour la somme de 60 talents ; il préféra — car il était riche —

338. Un des types classiques de la beauté. Chez les Lacédémoniens, les femmes enceintes plaçaient volontiers un tableau de lui pour embellir l'enfant qu'elles portaient.

339. Temple d'Auguste divinisé, construit par Livie et Tibère sur le Palatin.

340. Sans doute une Danaé à la pluie d'or.

341. Voir § 93.

342. Divination par l'évocation des morts. Peinture inspirée de l'Odyssée, XI.

343. Erreur de Pline. Il s'agit de Ptolémée Ier Sôter (305-282).

que patriae suae donauit abundans opibus. Fecit et
grandes picturas, in quibus sunt Calypso et Io et
Andromeda ; Alexander quoque in Pompei porticibus praecellens et Calypso sedens. Huic eidem ads-   133
cribuntur quadripedes : prosperrime canes expressit.
Hic est Nicias, de quo dicebat Praxiteles interrogatus, quae maxime opera sua probaret in marmoribus : quibus Nicias manum admouisset ; tantum cir-
cumlitioni eius tribuebat. Non satis discernitur,
alium eodem nomine an hunc eundem quidam faciant
olympiade CXII.

Niciae conparatur et aliquando praefertur Athe-   134
nion Maronites, Glaucionis Corinthii discipulus, aus-
terior colore et in austeritate iucundior, ut in ipsa
pictura eruditio eluceat. Pinxit in templo Eleusine
phylarchum et Athenis frequentiam, quam uocauere
syngenicon, item Achillem uirginis habitu occulta-
tum Vlixe deprendente et in una tabula *VI* signa,
quaque maxime inclaruit, agasonem cum equo. Quod
nisi in iuuenta obiisset, nemo compararetur.

344. Peut-être faut-il lire plutôt Callisto.
345. Io assise sur un rocher, le sein nu avec de petites cornes au
front, surveillée par Argos, nu et bronzé
346. Thème fréquent dans la peinture pompéienne.
347. Voir § 59.
348. Voir note 309 et Rouveret, *Histoire et imaginaire de la peinture ancienne*, p. 284 sq.
349. Voir § 131.

en faire cadeau à sa patrie. Il a également exécuté de grandes peintures, parmi lesquelles on compte Calypso[344], Io[345] et Andromède[346] ; de même un Alexandre, qui occupe une place d'honneur dans le portique de Pompée[347], et une Calypso assise. On lui attribue aussi des quadrupèdes : il a particulièrement bien réussi les chiens. C'est ce Nicias, dont Praxitèle disait, quand on lui demandait lesquels de ses ouvrages en marbre il plaçait le plus haut : « Ceux où Nicias a mis la main », si grande était l'importance qu'il attribuait à son procédé de coloration des détails[348]. On ne peut clairement établir si c'est un autre du même nom ou celui-là même que certains placent dans la 112e olympiade[349].

On met sur le même plan que Nicias, et parfois on lui préfère, Athénion de Maronée, élève de Glaucion de Corinthe[350] : il est austère de coloris, mais cette austérité accentue l'agrément que l'on prend à ses œuvres, de telle sorte que sa science éclate dans sa peinture même. Dans le temple d'Éleusis, il a peint un Phylarque (capitaine de cavalerie[351]) ; à Athènes, un Groupe de personnages, à qui l'on a donné le nom de *Syngenicon* (groupe de famille[352]) ; de plus, un Achille caché sous des vêtements de fille, au moment où Ulysse le reconnaît ; ensuite, six figures groupées en un tableau unique[353] et un Palefrenier avec un cheval[354], œuvre qui a particulièrement contribué à sa renommée. S'il n'était mort jeune, personne ne pourrait soutenir la comparaison avec lui.

---

350. Voir Reinach, p. 208 *sq.* Peut-être ce passage est-il une traduction mal comprise de Héliodore.

351. Sans doute un tableau votif offert par le chef des cavaliers vainqueurs aux Panathénées.

352. Probablement un tableau votif.

353. « Achille parmi les filles de Lycomède ». Sur les sources littéraires, voir Reinach, p. 299 *sq.*

354. Sans doute commandé par un vainqueur aux courses.

Est nomen et Heraclidi Macedoni. Initio naues **135**
pinxit captoque Perseo rege Athenas commigrauit.
Vbi eodem tempore erat Metrodorus, pictor idemque
philosophus, in utraque scientia magnae auctoritatis. Itaque cum L. Paulus deuicto Perseo petiisset
ab Atheniensibus, ut ii sibi quam probatissimum
philosophum mitterent ad erudiendos liberos, item
pictorem ad triumphum excolendum, Athenienses
Metrodorum elegerunt, professi eundem in utroque
desiderio praestantissimum, quod ita Paulus quoque
iudicauit. Timomachus Byzantius Caesaris dictato- **136**
ris aetate Aiacem et Mediam pinxit, ab eo in Veneris
Genetricis aede positas, LXXX talentis uenundatas.
Talentum Atticum X $\overline{VI}$ taxat M. Varro. Timoma-
chi aeque laudantur Orestes, Iphigenia in Tauris et
Lecythion, agilitatis exercitator, cognatio nobilium,
palliati, quos dicturos pinxit, alterum stantem, alterum sedentem. Praecipue tamen ars ei fauisse in
Gorgone uisa est.

355. Premier tiers du IIe siècle. Voir § 146. Il faut noter une rupture dans la chronologie de ce §, puisqu'on passe de la 112e Olympiade
(-332) à la 153e (-168).
356. Probablement Métrodore de Stratonicée, philosophe passé de
l'Académie à l'école de Carnéade. Envoyé à Rome en 167.
357. Paul-Émile, le Macédonique, vainqueur de Persée à Pydna,
consul en 181 et 168, censeur en 164.

Héraclide de Macédoine[355] est aussi un peintre de renom. Il commença par peindre des navires, puis, après la capture du roi Persée, il émigra à Athènes. Y vivait à la même époque Métrodore[356], qui était à la fois peintre et philosophe et d'une grande autorité dans l'une et l'autre science. C'est pourquoi lorsque le vainqueur de Persée, L. Paulus[357], demanda aux Athéniens de lui envoyer le philosophe le plus estimé qu'ils connussent pour faire l'éducation de ses enfants, ainsi qu'un peintre pour exécuter des ornements lors de son triomphe, les gens d'Athènes choisiront Métrodore, affirmant qu'il était le plus remarquable pour répondre à chacune de ces exigences, ce qui fut aussi l'opinion de Paulus. Timomaque[358] de Byzance, à l'époque de la dictature de César, peignit un Ajax et une Médée, tableaux que le dictateur plaça dans le temple de Vénus Génétrix, après les avoir achetés 80 talents (M. Varron évalue le talent attique à 6 000 deniers). On vante encore, de Timomaque, son Oreste, son Iphigénie en Tauride, un Maître de gymnastique, appelé Lécythion[359] ; une Famille noble[360], deux Personnages en manteau[361] sur le point de parler, l'un debout, l'autre assis ; mais la réussite artistique semble lui avoir souri principalement dans sa Gorgone.

358. Voir § 26. Peut-être un anachronisme de Pline qui, faute de date précise, aurait déduit son époque du fait que César avait acheté deux œuvres de lui.
359. Voir § 147.
360. Voir § 76.
361. Voir Pline, *HN*, XXXIV, 54.

Pausiae filius et discipulus Aristolaus e seuerissi- 137
mis pictoribus fuit, cuius sunt Epaminondas, Peri-
cles, Media, Virtus, Theseus, imago Atticae plebis
boum immolatio. Sunt quibus et Nicophanes, eiusdem Pausiae discipulus, placeat diligentia, quam
intellegant soli artifices, alias durus in coloribus et sile
multus. Nam Socrates iure omnibus placet ; tales
sunt eius cum Aesculapio filiae Hygia, Aegle, Pana-
cea, Iaso, et piger, qui appellatur Ocnos, spartum
torquens, quod asellus adrodit.

Hactenus indicatis proceribus in utroque genere 138
non silebuntur et primis proximi : Aristoclides, qui
pinxit aedem Apollinis Delphis. Antiphilus puero
ignem conflante laudatur ac pulchra alias domo
splendescente ipsiusque pueri ore, item lanificio, in
quo properant omnium mulierum pensa, Ptolemaeo
uenante, sed nobilissimo Satyro cum pelle panthe-
rina, quem aposcopeuonta appellant, Aristophon

<hr />

362. Voir § 123.
363. Passage difficile à interpréter. Peut-être trois groupes de deux
tableaux.
364. Voir § 111.
365. Deuxième moitié du IVe siècle. Pline refuse (XXXVI, 32)
l'identification, courante dans l'Antiquité, avec le philosophe. Ce
Socrate est aussi à distinguer du sculpteur des *Charites*.
366. Tableau votif probablement destiné à l'Asklépieion
d'Athènes.

Aristolaus[362], fils et disciple de Pausias, compta au nombre des peintres les plus sévères : on a de lui un Épaminondas, un Périclès, une Médée, une Vertu, un Thésée, l'image de la Plèbe attique, un Sacrifice de bœufs[363]. Il en est pour apprécier Nicophanès[364], disciple du même Pausias, à cause d'un souci de précision que seuls les artistes peuvent comprendre ; par ailleurs son coloris est dur et il donne beaucoup dans les jaunes. Quant à Socratès[365], ses tableaux plaisent avec raison à tout le monde : ainsi son Esculape accompagné de ses filles Hygie, Aeglé, Panacée et Iaso[366] ; son Paresseux, nommé Ocnos, en train de tordre une corde qu'un âne ronge à mesure[367].

Ayant jusqu'ici mentionné les artistes les plus éminents dans l'un et l'autre genre, je ne passerai pas non plus sous silence ceux qui approchent du premier rang : Aristoclidès[368], qui a peint le temple d'Apollon à Delphes ; Antiphile[369], lui, est renommé pour un Jeune Garçon soufflant sur un feu, tandis que le reflet éclaire la maison, d'ailleurs fort belle, ainsi que le visage de l'enfant lui-même ; on loue également son Atelier de fileuses, où des femmes se hâtent toutes d'accomplir leur tâche ; son Ptolémée[370] chasseur ; mais particulièrement célèbre est son Satyre à la peau de panthère, surnommé l'*Aposcopeuon* (celui qui épie[371]).

---

367. Voir Homère, *Odyssée*, XI, 321 et Virgile, *Énéide*, **VI, 445** ; Pausanias, X, 29, 2.
368. Probablement de l'époque hellénistique. Voir Reinach, p. 400, n. 4.
369. Voir § 89 et 114.
370. Sans doute Ptolémée Ier Sôter. Voir § 89.
371. C'est-à-dire portant la main au-dessus des yeux. Athénée, XIV, 629 *sq.*

Ancaeo uulnerato ab apro cum socia doloris Asty-
pale numerosaque tabula, in qua sunt Priamus,
Helena, Credulitas, Vlixes, Deiphobus, Dolus. Andro- 139
bius pinxit Scyllum ancoras praecidentem Persicae
classis, Artemon Danaen mirantibus eam praedonibus,
reginam Stratonicen, Herculem et Deianiram, nobi-
lissimas autem, quae sunt in Octauiae operibus,
Herculem ab Octa monte Doridos exusta mor-
talitate consensu deorum in caelum euntem, Laome-
dontis circa Herculem et Neptunum historiam ;
Alcimachus Dioxippum, qui pancratio Olympiae
citra pulueris iactum, quod uocant ἀκονιτί, uicit ;
Coenus stemmata. Ctesilochus, Apellis discipulus, 140
petulanti pictura innotuit, Ioue Liberum partu-
riente depicto mitrato et muliebriter ingemescente
inter obstetricia dearum, Cleon Cadmo, Ctesidemus

---

372. Aristophon de Thasos, frère de Polygnote (Platon, *Gorgias*, 2, 448b).

373. Roi des Lélèges de Samos, participant à l'expédition des Argonautes.

374. Mère de cet Ancée.

375. Probablement une scène se rapportant au mariage d'Hélène avec Déiphobe. Voir Reinach, p. 85, n. 3.

376. Sans doute un peintre du ve siècle.

377. Voir Hérodote, VIII, 8, ou Pausanias, X, 19, 1.

378. Première moitié du IIIe siècle, lié à la reine Stratonice, auteur présumé d'un *Livre sur les peintres*.

379. Il s'agit en fait de pêcheurs.

380. Fille d'Énée, épouse d'Hercule.

D'Aristophon[372] on apprécie un Ancée[373] blessé par un sanglier, avec Astypalé[374] partageant sa douleur, et un tableau à nombreux personnages, où l'on voit Priam, Hélène, *Credulitas*, Ulysse, Déiphobe et la Ruse[375]. Androbius[376] a peint un Scyllus[377] coupant les amarres de la flotte perse ; Artémon[378], une Danaé qu'admirent des brigands[379] ; la reine Stratonice ; Hercule et Déjanire[380] ; mais ses ouvrages les plus renommés — ils figurent aujourd'hui dans les édifices d'Octavie — sont : Hercule montant au ciel avec l'assentiment des dieux, après avoir quitté le mont Oeta[381] en Doride, où brûla sa dépouille mortelle, et l'histoire de Laomédon dans ses relations avec Hercule et Neptune[382] ; Alcimachus[383] a peint Dioxippe, vainqueur au pancrace à Olympie sans soulever de poussière — ce que l'on appelle *akoniti*[384] ; Coenus a peint des arbres généalogiques[385]. Ctésilochus, élève[386] d'Apelle, s'est fait connaître par une peinture irrévérencieuse : il a représenté Jupiter, un bonnet sur la tête, en train de mettre au monde Liber et poussant des gémissements de femme au milieu de déesses qui font office de sages-femmes ; Cléon[387] s'est illustré par un Cadmus ; Ctésidémus[388], par la Prise d'Œchalie[389] et par

---

381. Où se brûla Hercule après avoir endossé la tunique de Nessus envoyée par son épouse délaissée.

382. Le père de Priam qui avait construit les murailles de Troie avec l'aide de Neptune.

383. Dernier tiers du IVe siècle.

384. Victoires faute de combattant, tant la force du lutteur dissuadait ses adversaires. L'Athénien Dioxippe accompagna Alexandre en - 326 ; calomnié auprès du roi, il se donna la mort.

385. Peintre qui vécut probablement à Rome à la fin de la période hellénistique. Les portraits devaient être reliés par des rubans en forme d'arbre généalogique. Voir § 6.

386. Et, d'après Suidas, frère d'Apelle.

387. Inconnu par ailleurs.

388. Maître d'Antiphile, sans doute Alexandrin.

389. Sujet d'un poème de Kréophylos au VIIe siècle : irrité contre le roi Eurytos qui lui refuse sa fille, Héraclès s'empare d'Œchalie.

Oechaliae expugnatione, Laodamia, Ctesicles reginae
Stratonices iniuria. Nullo enim honore exceptus ab
ea pinxit uolutantem cum piscatore, quem reginam
amare sermo erat, eamque tabulam in portu Ephesi
proposuit, ipse uelis raptus. Regina tolli uetuit,
utriusque similitudine mire expressa. Cratinus
comoedos Athenis in pompeio pinxit ; Eutychides
bigam : regit Victoria. Eudorus scaena spectatur — 141
idem et ex aere signa fecit —, Hippys Neptuno et
Victoria. Habron amicam et Concordiam pinxit et
deorum simulacra, Leontiscus Aratum uictorem
cum tropaeo, psaltriam, Leon Sappho, Nearchus
Venerem inter Gratias et Cupidines, Herculem tristem
insaniae paenitentia, Nealces Venerem, ingeniosus 142
et sollers, ... ime siquidem, cum proelium nauale
Persarum et Aegyptiorum pinxisset, quod in Nilo
cuius est aqua maris similis factum uolebat intellegi,

390. Veuve de Protésilaos, tué sous les murs de Troie, elle se
donne la mort. Euripide avait écrit une *Laodamie*. Thème souvent
représenté sur les sarcophages.

391. Voir § 139.

392. Auteur comique athénien du milieu du IVe siècle. Sa fille est
mentionnée § 147.

393. L'entrée du Céramique.

394. Sculpteur et peintre, le plus illustre disciple de Lysippe, début
du IIIe siècle.

une Laodamie[390] ; Ctésiclès[391], par l'affront qu'il fit à la reine Stratonice : comme il avait été reçu par elle sans marque de distinction, il la peignit dans les bras d'un pêcheur, dont la renommée disait que la reine était sa maîtresse ; il exposa ce tableau dans le port d'Éphèse et s'enfuit lui-même à toutes voiles. La reine interdit qu'on enlevât le tableau à cause de la remarquable ressemblance des deux personnages. Cratinus[392] a peint des Comédiens à Athènes dans le Pompeion[393] ; Eutychidès[394] est l'auteur d'un Bige conduit par la Victoire. Eudorus[395] est remarquable pour un décor de scène — c'est lui aussi qui a fait des statues de bronze ; Hippys[396], pour un Neptune et une Victoire. Habron[397] a peint sa maîtresse, la Concorde et des effigies de dieux ; Léontiscus[398], un Aratus victorieux[399] avec son trophée et une Joueuse de lyre ; Léon[400], une Sappho ; Néarchus[401], une Vénus entre les Grâces et les Amours, un Hercule abattu se repentant de son accès de folie ; Néalcès[402], une Vénus : ce dernier était plein d'invention et d'habileté..., ainsi, peignant un Combat naval entre Perses et Égyptiens et voulant faire comprendre que ce combat se livrait sur le Nil, dont l'eau est sem-

395. Date inconnue.

396. Travailla à Athènes vers 330. Il n'existe pas d'autre mention des œuvres ici citées.

397. Père de Nessos ; voir § 146.

398. Peintre de Sicyone.

399. L'illustre Sicyonien, dont on trouvait partout des trophées dans le Péloponnèse (Polybe, IV, 8).

400. Pline cite un bronzier homonyme en *HN*, XXXIV, 91.

401. Père et maître d'Aristarété : voir § 147.

402. Milieu du IIIe siècle (?), ami d'Aratos et peintre de genre.

argumento declarauit quod arte non poterat : asel-
lum enim bibentem in litore pinxit et crocodilum
insidiantem ci ; Ocnias syngenicon, Philiscus offici- **143**
nam pictoris ignem conflante puero, Phalerion Scyl-
lam, Simonides Agatharc*h*um et Mnemosynen, Simus
iuuenem requiescentem, officinam fullonis quinqua-
trus celebrantem, idemque Nemesim egregiam, Theo- **144**
rus *s*e emungentem, idem ab Oreste matrem et Aegis-
thum interfici, bellumque Iliacum pluribus tabulis,
quod est Romae in Philippi porticibus, et Cassan-
dram, quae est in Concordiae delubro, Leontium
Epicuri cogitantem, Demetrium regem, Theon Ores-
tis insaniam, Thamyram citharoedum, Tauriscus
discobolum, Clytaemestram, Paniscon, Polynicen
regnum repetentem et Capanea.

Non omittetur inter hos insigne exemplum. Nam- **145**
que Erigonus, tritor colorum Nealcae pictoris, in
tantum ipse profecit, ut celebrem etiam discipulum
reliquerit Pasiam, fratrem Aeginetae fictoris. Illud

403. Allusion à une bataille d'Artaxerxès Ochos pour réduire
l'Égypte révoltée (-346).
404. Inconnu.
405. Voir § 134 et 136.
406. Voir Croisille, note 3 du § 143 (éd. CUF).
407. Inconnu.
408. Inconnu.
409. Peut-être le peintre du Ve siècle.
410. Voir Croisille, note 6 du § 143 (éd. CUF).
411. C'est-à-dire les Panathénées.
412. Vers 320-280.
413. Voir la description de Lucien, *De domo*, 23.

blable à celle de la mer, il représenta par un symbole ce qu'il ne pouvait rendre par son art : il peignit en effet un âne s'abreuvant sur le rivage et un crocodile le guettant[403] ; Oenias[404] a point un *Syngenicon* (groupe de famille[405]) ; Philiscus, un Atelier de peintre, où un enfant souffle sur le feu[406] ; Phalérion[407], une Scylla ; Simonidès[408], un Agatharchus[409] et une Mnémosyne ; Simus[410], un Jeune Homme au repos, une Boutique de foulon en train de célébrer les Quinquatries[411] et une remarquable Némésis ; Théorus[412], un Homme qui se mouche, ainsi qu'un Oreste massacrant sa mère et Égisthe[413], la Guerre de Troie en une suite de tableaux[414] se trouvent à Rome sous le portique de Philippe[415], de même qu'une Cassandre[416], qui figure dans le temple de la Concorde, une Léontium[417], protégée d'Épicure, en méditation, enfin le roi Démétrius[418] ; Théon[419], un Oreste furieux, le citharède Thamyras[420] ; Tauriscus[421] un Discobole, une Clytemnestre, un jeune Pan, un Polynice réclamant son royaume et un Capanée[422].

On n'aura garde d'oublier, en parlant de ces artistes, un cas remarquable : de fait, Erigonus[423], broyeur de couleurs du peintre Néalcès, parvint personnellement à un tel degré d'habileté qu'il laissa même un disciple célèbre en la personne de Pasias, frère d'Aeginetas le

---

414. Mention la plus ancienne de tels cycles. Voir Reinach, p. 389.

415. Voir § 66.

416. Voir Virgile, *Én.*, II, 403 *sq.*, et Ovide, *Mét.*, XIII, 510-511.

417. Voir § 99.

418. Démétrios Poliorcète, qui prit le titre royal en - 305.

419. Théon de Samos, début du IIIe siècle.

420. Le poète légendaire de Thrace qui perdit la vue pour avoir osé défier les Muses.

421. Voir Croisille, note 13 du § 144 (éd. CUF).

422. Probablement à l'assaut des murs de Thèbes au moment où Zeus va l'abattre par sa foudre. Voir § 59 (Polygnote).

423. Voir § 85.

uero perquam rarum ac memoria dignum est, suprema
opera artificum inperfectasque tabulas, sicut Irim
Aristidis, Tyndaridas Nicomachi, Mediam Timoma-
chi et quam diximus Venerem Apellis, in maiore
admiratione esse quam perfecta, quippe in iis liniamenta reliqua ipsaeque cogitationes artificum spec-
tantur, atque in lenocinio commendationis dolor est
manus, cum id ageret, exstinctae.

Sunt etiamnum non ignobiles quidem in transcursu **146**
tamen dicendi Aristocydes, Anaxander, Aristobulus
Syrus, Arcesilas Tisicratis filius, Coroebus Nicomachi
discipulus, Charmantides Euphranoris, Dionysodorus
Colophonius, Dicaeogenes, qui cum Demetrio rege
uixit, Euthymides, Heraclides Macedo, Milon Soleus,
Pyromachi statuarii discipuli, Mnasitheus Sicyonius,

424. Voir § 75, 98 et 108.
425. Voir § 108. Les Tyndarides sont les Dioscures.
426. Voir § 136.
427. Voir § 76, 87 et 91.
428. Peut-être Aristonides, le père de Mnasitimos, cité *infra*.
429. Inconnu.
430. Peut-être du temps des Séleucides.
431. Auteur, mentionné par Pausanias, I, 33, d'un tableau de
Léosthénès et ses fils.
432. Élève d'Euthykratès, école de Lysippe. Voir Pline, *HN*,
XXXIV, 83.

modeleur. Mais ce qui est vraiment rare et digne d'être retenu, c'est de voir les œuvres ultimes de certains artistes et leurs tableaux inachevés, comme l'Iris d'Aristide[424], les Tyndarides de Nicomaque[425], la Médée de Timomaque[426] et la Vénus d'Apelle[427] plus haut mentionnée, être l'objet d'une admiration plus grande que des ouvrages terminés, car en eux l'on peut observer les traces de l'esquisse et la conception même de l'artiste, et le regret que la main de celui-ci ait été arrêtée en plein travail contribue à lui attirer la faveur du public.

Il y a ensuite un certain nombre d'artistes qui, certes, ne manquent pas de distinction, mais qu'il faut pourtant citer en passant : ce sont Aristocydès[428], Anaxander[429], Aristobule[430] de Syrie, Arcésilas[431], fils de Tisicrate[432], Corèbe[433], élève de Nicomaque, Charmantidès[434], élève d'Euphranor, Dionysodore[435] de Colophon, Dicaeogénès[436], qui vécut à la cour du roi Démétrius, Euthymidès[437], Héraclide[438] de Macédoine, Milon de Soles, l'un et l'autre élèves du statuaire Pyromaque[439], Mnasitheus[440] de Sicyone, Mnasitimus[441] fils et disciple

433. Seule mention chez Pline. Sur Nicomaque, voir § 108.
434. Athénien, élève d'Isocrate. Sur Euphranor, voir § 128.
435. Mention unique.
436. Première moitié du IIIe siècle.
437. Inconnu.
438. Voir § 135, à propos de ses « marines ».
439. Voir Pline, *HN*, XXXIV, 51 et 84.
440. Peut-être le complice d'Aratos dans la conspiration qui le porta au pouvoir à Sicyone (IIIe siècle).
441. Peintre et sculpteur. Voir Pline, *HN*, XXXIV, 140.

Mnasitimus Aristonidae filius et discipulus, Nessus
Habronis filius, Polemon Alexandrinus, Theodorus
Samius et Stadius Nicosthenis discipuli, Xenon,
Neoclis discipulus, Sicyonius.

Pinxere et mulieres : Timarete, Miconis filia, Dia- 147
nam, quae in tabula Ephesi est antiquissimae picturae ; Irene, Cratini pictoris filia et discipula, puel-
lam, quae est Eleusine ; Calypso, senem et praestigia-
torem Theodorum, Alcisthenen saltatorem ; Aris-
tarete, Nearchi filia et discipula, Aesculapium. Iaia
Cyzicena, perpetua uirgo, M. Varronis iuuenta
Romae et penicillo pinxit et cestro in ebore imagines
mulierum maxime et Neapoli anum in grandi tabula,
suam quoque imaginem ad speculum. Nec ullius 148
uelocior in pictura manus fuit, artis uero tantum ut
multum manipretiis antecederet celeberrimos eadem
aetate imaginum pictores Sopolim et Dionysium,

442. Voir Pline, *HN*, XXXIV, 140.

443. Voir § 93 et 141 (sur Habron).

444. Inconnu par ailleurs. Début du IIe siècle (?), école
d'Alexandrie (?).

445. Probablement le peintre athénien évoqué par Diogène
Laërce, II, 103 *sq*.

446. Peut-être le sculpteur Stadieus (Pausanias, VI, 4, 5), maître
de Polyclès (Pline, *HN*, XXXVI, 35).

447. On ne sait pas grand-chose de ces trois derniers noms.

448. Peut-être la fille d'un peintre. Sur Micon, voir § 59.

d'Aristonidas[442], Nessus, fils d'Habron[443], Polémon[444] d'Alexandrie, Théodorus[445] de Samos et Stadius[446], tous deux élèves de Nicosthénès, Xénon de Sicyone, élève de Néoclès[447].

Il y eut aussi des femmes peintres : Timarété[448], fille de Micon, est l'auteur d'une Diane, tableau conservé à Éphèse, de style très archaïque ; Irène[449], fille et disciple du peintre Cratinus, a peint une Jeune Fille[450], conservée à Éleusis ; Calypso[451] a peint un Vieillard, Théodorus l'illusionniste, Alcisthénès le danseur ; Aristarété[452], fille et disciple de Néarchus, a peint un Esculape ; Iaia[453] de Cyzique, qui resta toujours vierge, vécut à Rome quand M. Varron était jeune[454] : elle peignit aussi bien au pinceau que sur ivoire à l'aide du cestre[455] et fit surtout des portraits de femmes ; à Naples il y a d'elle un grand tableau représentant une Vieille ainsi qu'un Autoportrait au miroir. Personne n'eut la main plus rapide dans l'exécution, mais sa virtuosité fut telle que ses prix l'emportaient de loin sur ceux des plus célèbres portraitistes de son temps, Sopolis et Dionysius[456], dont les

449. Il s'agit probablement de la fille de l'auteur comique athénien cité au § 140.

450. Cette *koré* (jeune fille) n'est autre que Koré, la déesse d'Éleusis.

451. Le doute subsiste : il pourrait s'agir non d'une femme, mais d'une œuvre d'Eiréné.

452. Voir § 141.

453. Première moitié du Ier siècle av. J.-C.

454. 116-27. Polygraphe latin, auteur de plus de cinq cents livres.

455. Autrement dit, elle employait deux techniques : la détrempe et l'encaustique.

456. Voir § 116 et 125.

quorum tabulae pinacothecas inplent. Pinxit et
quaedam Olympias, de qua hoc solum memoratur,
discipulum eius fuisse Autobulum.

XLI. Encausto pingendi duo fuere antiquitus 149
genera, cera et in ebore cestro, id est uericulo, donec
classes pingi coepere. Hoc tertium accessit resolutis
igni ceris penicillo utendi, quae pictura nauibus nec
sole nec sale uentisque corrumpitur.

XLII. Pingunt et uestes in Aegypto, inter pauca 150
mirabili genere, candida uela, postquam attriuere,
inlinentes non coloribus, sed colorem sorbentibus
medicamentis. Hoc cum fecere, non apparet in uelis,
sed in cortinam pigmenti feruentis mersa post momen-
tum extrahuntur picta. Mirumque, cum sit unus in
cortina colos, ex illo alius atque alius fit in ueste acci-
pientis medicamenti qualitate mutatus, nec postea
ablui potest. Ita cortina, non dubie confusura colores, si pictos acciperet, digerit ex uno pingitque, dum

tableaux emplissent les galeries. Peignit également une certaine Olympias : la seule chose que l'on rapporte à son sujet est qu'elle eut Autobulus[457] comme élève.

XLI. Il y eut anciennement deux procédés de peinture à l'encaustique[458] : à la cire, et sur ivoire avec le cestre, c'est-à-dire un petit poinçon, cela jusqu'au moment où l'on se mit à peindre les navires de guerre. Alors s'ajouta une troisième méthode, consistant à utiliser un pinceau après avoir fait fondre la cire au feu ; cette peinture, sur les navires, ne s'altère ni sous l'effet du soleil, ni sous celui du sel ou des vents[459].

XLII. On colore également les tissus en Égypte par un procédé particulièrement remarquable[460] : on imprègne des étoffes blanches, préalablement foulées, non pas de couleurs, mais de produits qui absorbent celles-ci. Cela fait, rien n'apparaît sur l'étoffe ; pourtant une fois qu'elle a été plongée dans un chaudron contenant de la teinture bouillante, on l'en retire au bout d'un moment colorée. L'étonnant est que, bien que le chaudron ne contienne qu'une seule teinte, celle qui en résulte sur le tissu est diversifiée et change selon la qualité du produit mordant ; de plus, elle ne déteint pas ensuite au lavage. Ainsi le chaudron qui, sans aucun doute, mélangerait les couleurs s'il les recevait appliquées sur des étoffes, en produit plusieurs à partir d'une seule et procède à la coloration pendant l'ébullition ; de plus la coc-

---

457. Inconnus.

458. Sur les procédés, voir Reinach, p. 3, n. 1, et p. 20, n. 1.

459. Voir § 49.

460. Ce § n'a aucun lien avec ce qui précède ni avec ce qui suit et se rattache au livre IX, § 133 (teintures rouges à base de pourpres).

coquit, et adustae eae uestes firmiores usibus fiunt
quam si non urerentur.

XLIII (12). De pictura satis superque. Con- 15**
texuisse his et plasticen conueniat. Eiusdem opere
terrae fingere ex argilla similitudines Butades Sicyonius figulus primus inuenit Corinthi filiae opera, quae
capta amore iuuenis, abeunte illo peregre, umbram
ex facie eius ad lucernam in pariete lineis circums-
cripsit, quibus pater eius inpressa argilla typum fecit
et cum ceteris fictilibus induratum igni proposuit,
cumque seruatum in Nymphaeo, donec Mummius
Corinthum euerterit, tradunt. Sunt qui in Samo 15**
primos omnium plasticen inuenisse Rhoecum et
Theodorum tradant multo ante Bacchiadas Corintho pulsos, Damaratum uero ex eadem urbe pro-
fugum, qui in Etruria Tarquinium regem populi
Romani genuit, comitatos fictores Euchira Diopum,
Eugrammum ; ab iis Italiae traditam plasticen. Buta-

---

461. On lui attribue trois inventions : la représentation du visage
en relief, l'usage du relief comme ornement des tuiles, la manière de
prendre un moulage. Sur l'ombre et l'invention de la peinture, voir
E. H. Gombrich, *Ombres portées*, Paris, 1996, p. 41 *sq.*

462. Voir le § 16 sur la rivalité des deux cités, considérées comme
les berceaux du modelage.

463. 146 av. J-C., date conventionnellement invoquée quand on
parle de destruction d'œuvres d'art en Grèce.

tion rend les tissus en question plus solides à l'usage que s'ils n'y étaient pas soumis.

XLIII (**12**). En voilà assez et plus qu'il n'en faut sur la peinture. Il serait convenable d'y rattacher ce qui concerne le modelage. En utilisant lui aussi la terre, le potier Butadès de Sicyone[461] découvrit le premier l'art de modeler des portraits en argile ; cela se passait à Corinthe[462] et il dut son invention à sa fille, qui était amoureuse d'un jeune homme ; celui-ci partant pour l'étranger, elle entoura d'une ligne l'ombre de son visage projetée sur le mur par la lumière d'une lanterne ; son père appliqua de l'argile sur l'esquisse, en fit un relief qu'il mit à durcir au feu avec le reste de ses poteries, après l'avoir fait sécher ; cette œuvre, dit-on, fut conservée au Nymphaeum jusqu'à l'époque du sac de Corinthe par Mummius[463]. De l'avis de quelques-uns, ce serait à Samos qu'eut lieu l'invention de l'art plastique : ceux qui les premiers de tous s'y seraient consacrés s'appelaient Rhoecus et Théodorus[464], et cela bien avant l'expulsion des Bacchiades[465] de Corinthe ; selon eux, Damaratus, qui s'enfuyait de cette ville et qui, une fois en Étrurie, devint père de Tarquin, roi du peuple romain, était accompagné des modeleurs Euchir, Diopus et Eugrammus[466] ; ce sont eux qui auraient introduit l'art plastique en Italie. Une invention de Butadès[467] fut

464. Architectes, sculpteurs et bronziers célèbres. Le premier serait le père du second. Voir Pline, *HN*, XXXVI, § 90.

465. Famille aristocratique de Corinthe, à laquelle appartenait Démarate, chassée par Kypsélos en - 657.

466. Ces noms sont liés aux qualités des personnages : *Eucheir* = artisan habile, *Diopos* = habile utilisateur du dioptre ; *Eugrammos* = dessinateur habile. Sur Eucheir et l'invention de la peinture, voir § 15.

467. Voir § 151.

dis inuentum est rubricam addere aut ex rubra creta
fingere, primusque personas tegularum extremis
imbricibus inposuit, quae inter initia prostypa
uocauit ; postea idem ectypa fecit. Hinc et fastigia
templorum orta. Propter hunc plastae appellati.

XLIV. Hominis autem imaginem gypso e facie 153
ipsa primus omnium expressit ceraque in eam for-
mam gypsi infusa emendare instituit Lysistratus
Sicyonius, frater Lysippi, de quo diximus. Hic et
similitudines reddere instituit ; ante eum quam pul-
cherrimas facere studebant. Idem et de signis effigies exprimere inuenit, creuitque res in tantum, ut
nulla signa statuaeue sine argilla fierent. Quo apparet
antiquiorem hanc fuisse scientiam quam fundendi
aeris.

XLV. Plastae laudatissimi fuere Damophilus et 154
Gorgasus, iidem pictores, qui Cereris aedem Romae
ad circum maximum utroque genere artis suae exco-
luerant, uersibus inscriptis Graece, quibus significa-

468. Il s'agit des antéfixes, dont on a découvert les exemples les
plus anciens à Olympie.
469. On comprend généralement, bas-reliefs et hauts-reliefs.
470. Au sens d'acrotère.
471. IVe siècle. Voir Pline, *HN*, XXXIV, 51 et notes.

d'ajouter de la rubrique à son matériau ou de modeler avec de la craie rouge ; le premier également il plaça des masques[468] à l'extrémité des tuiles de bordure sur les toits, masques qu'il appela au début *prostypa* ; plus tard ce fut lui encore qui créa les *ectypa*[469]. De là également tirent leur origine les ornements de faîtage[470] des temples. C'est à cause de lui que les modeleurs reçurent le nom de *plastae*.

XLIV. Celui qui, le premier de tous, fit un portrait d'homme avec du plâtre, en prenant un moulage sur le visage même, puis imagina de verser de la cire dans ce moule de plâtre, cire sur laquelle il procédait à des retouches, fut Lysistratus[471] de Sicyone, frère de Lysippe, dont nous avons parlé. Ce fut lui aussi qui instaura la pratique de rendre la ressemblance[472] ; avant lui, on s'appliquait à faire les visages aussi beaux que possible. C'est encore lui qui imagina d'exécuter des moulages à partir de statues, et le procédé prit une telle extension qu'on n'exécuta plus aucune figure ou statue sans un modèle en argile[473]. Ce qui indique que la science du modelage fut plus ancienne que celle de la fusion du bronze

XLV. Hautement loués parmi les modeleurs furent Damophilus et Gorgasus[474], qui étaient également peintres ; ils avaient décoré à Rome le temple de Cérès près du Circus Maximus en utilisant l'un et l'autre des genres artistiques qu'ils pratiquaient. Une inscription en vers grecs servait à indiquer que la partie droite était

---

472. Voir § 151.

473. Voir § 155.

474. ve siècle, originaires du détroit de Messine, rattachés à l'école de Corinthe. Consacré en - 493. le temple de Cérès brûla en - 31. Restauré sous Auguste, il fut reconsacré par Tibère en 17.

rent ab dextra opera Damophili esse, ab laeua Gor-
gasi. Ante hanc aedem Tuscanica omnia in aedibus
fuisse auctor est Varro, et ex has, cum reficeretur,
crustas parietum excisas tabulis marginatis inclusas
esse, item signa ex fastigiis dispersa. Fecit et Chal- 155
costhenes cruda opera Athenis, qui locus ab officina
eius Ceramicos appellatur. M. Varro tradit sibi cogni-
tum Romae Possim nomine, a quo facta poma et
uuas, item pisces... aspectu discernere a ueris. Idem
magnificat Arcesilaum, L. Luculli familiarem, cuius
proplasmata pluris uenire solita artificibus ipsis
quam aliorum opera ; ab hoc factam Venerem Gene- 156
tricem in foro Caesaris et, priusquam absolueretur,
festinatione dedicandi positam ; eidem a Lucullo HS
$|\overline{X}|$ signum Felicitatis locatum, cui mors utriusque
inuiderit ; Octauio equiti Romano cratera facere
uolenti exemplar e gypso factum talento. Laudat et

475. Il s'agit de plaques de marbre.

476. Voir § 173.

477. Sans doute le Chaïkosthénès mentionné in *HN*, XXXIV, 87 :
frère et collaborateur de Diès, sculpteur athénien du début du IIe siècle.

478. Voir Croisille, note 4 et 5 de l'éd. CUF.

479. Artiste de premier plan de l'époque de César, peut-être originaire d'Asie Mineure, auteur de la lionne et de la *Venus Genitrix* du
Forum de César.

l'œuvre de Damophilus, celle de gauche de Gorgasus. Selon le témoignage de Varron, avant la construction de ce temple, tout était étrusque dans les temples, et, en restaurant celui-ci, on en détacha les revêtements de parois[475] et on les enferma dans des cadres à bordure[476] ; de même on dispersa les ornements figurés des faîtages. On cite aussi Chalcosthénès[477] qui exécuta à Athènes des ouvrages en argile crue, en un lieu qui, du nom de son atelier, est appelé Céramique. Varron rapporte avoir connu à Rome un artiste du nom de Possis[478], qui faisait des fruits et des raisins, ainsi que des poissons (qu'il était difficile) en les voyant de distinguer de la réalité. Le même auteur vante bien haut Arcésilaus[479], très lié avec L. Lucullus[480] et dont les ébauches[481] se vendaient généralement aux artistes eux-mêmes plus cher que ne coûtaient les œuvres achevées des autres ; c'est lui, dit-il, qui fit la statue de Vénus Génétrix[482] sur le forum de César, statue qui fut mise en place avant d'être achevée, dans l'impatience qu'on avait d'en faire la dédicace ; c'est à lui également que Lucullus donna à charge pour 1 000 000 de sesterces d'exécuter une effigie de la Félicité[483], réalisation qu'empêcha la mort de l'un et de l'autre[484] ; et pour Octavius, chevalier romain, qui voulait faire réaliser un cratère, il exécuta un modèle en plâtre qu'il lui fit payer un talent. Varron loue aussi

480. C'est ce général romain (106-56), consul en 74, qui aurait fait venir l'artiste à Rome en - 88 ou en - 68.
481. Modèles en argile.
482. Voir Pline, *HN*, XXXVI, 15. Probablement une statue du type de l'Aphrodite aux Jardins d'Alcamène.
483. L. Licinius Lucullus fit construire le temple de la Félicite, dédié en 142, pour commémorer ses victoires en Espagne.
484. Voir Cicéron, *Ad Fam.*, VII, 9 3.

Pasitelen, qui plasticen matrem caelaturae et sta-
tuariae scalpturaeque dixit et, cum esset in omnibus iis summus, nihil umquam fecit ante quam
finxit. Praeterea elaboratam hanc artem Italiae et　157
maxime Etruriae ; Vulcam Veis accitum, cui locaret
Tarquinius Priscus Iouis effigiem in Capitolio dican-
dam ; fictilem eum fuisse et ideo miniari solitum ;
fictiles in fastigio templi eius quadrigas, de quibus
saepe diximus ; ab hoc eodem factum Herculem, qui
hodieque materiae nomen in urbe retinet. Hae enim
tum effigies deorum erant lautissimae, nec paenitet
nos illorum, qui tales eos coluere ; aurum enim et
argentum ne diis quidem conficiebant.

XLVI. Durant etiamnum plerisque in locis talia　158
simulacra. Fastigia quidem templorum etiam in urbe
crebra et municipiis, mira caelatura et arte suique
firmitate, sanctiora auro, certe innocentiora. In sacris
quidem etiam inter has opes hodie non murrinis

---

485. Sculpteur, coroplaste (auteur de figurines) et orfèvre mais
aussi théoricien, originaire d'Italie méridionale, devenu citoyen
romain en 89 av. J.-C.

486. Coroplaste, fin vi[e]-début v[e], seul artiste étrusque dont le nom
soit connu.

Pasitélès[485], qui a prétendu que l'art plastique était à l'origine de la ciselure, de la statuaire et de la sculpture, et qui, bien qu'excellant dans tous ces arts, ne fit jamais rien avant d'en avoir exécuté le modèle en argile. Il dit en outre que le modelage fut porté à sa perfection en Italie et particulièrement en Étrurie ; Vulca[486] fut mandé de Véies pour recevoir de Tarquin l'Ancien la charge d'exécuter une effigie de Jupiter destinée à être consacrée au Capitole ; ce Jupiter était d'argile, aussi avait-on l'habitude de le peindre au minium ; d'argile était, au faîtage du temple, le quadrige dont nous avons souvent parlé ; Vulca fit encore un Hercule, qui est à Rome et y conserve toujours le nom de la matière dont il est fabriqué. Car à cette époque c'étaient là les plus somptueuses statues de divinités et nous n'avons pas à rougir de ceux qui ont adoré de semblables effigies ; en effet on ne travaillait l'or et l'argent pas même pour les dieux.

XLVI. Il subsiste encore aujourd'hui de semblables figures en de multiples emplacements. Quant aux faîtages de temples[487], ils sont nombreux même à Rome, ainsi que dans les municipes, remarquables par le travail de ciselure, par l'art et la solidité, plus respectables que l'or et en tout cas moins nuisibles. Et aujourd'hui dans les sacrifices, au milieu même de nos richesses, ce n'est certes pas dans des vases murrhins[488] ou de cristal, mais dans de petites coupes de terre que l'on offre les pre-

487. Voir § 152 et 157.
488. Coupes de verre ou taillées dans une roche appelée murra. Voir Pline, *HN*, XXXVI, 1.

crystallinisue, sed fictilibus prolibatur simpulis, inenarrabili Terrae benignitate, si quis singula aestimet.
Etiam ut omittantur in frugum, uini, pomorum, her- 159
barum et fruticum, medicamentorum, metallorum
generibus beneficia eius quaeque adhuc diximus, uel
adsiduitate satiant figlinarum opera, doliis ad uina
excogitatis, ad aquas tubulis, ad balineas mammatis,
ad tecta imbricibus, coctilibus laterculis fundamentisque aut quae rota fiunt, propter quae Numa rex septimum collegium figulorum instituit. Quin et defunc- 160
tos sese multi fictilibus soliis condi maluere, sicut
M. Varro, Pythagorio modo in myrti et oleae atque
populi nigrae foliis. Maior pars hominum terrenis utitur uasis. Samia etiam nunc in esculentis laudantur.

mières libations : tout cela est dû à l'ineffable bienfai-
sance de la Terre, si l'on veut bien apprécier un à un ses
dons. Sans même parler de tous les bienfaits qui concer-
nent les différentes espèces de céréales, de vin, de fruits,
d'herbes et d'arbustes, de médicaments, de métaux —
toutes choses dont nous avons déjà traité —, les objets
de terre cuite, par leur abondance même, satisfont pleinement nos besoins : jarres inventées pour les vins,
conduites pour l'eau, briques creuses pour les bains,
tuiles pour les toits, moellons cuits et éléments de fon-
dations, ainsi que tous les objets faits sur le tour ; usages
en raison desquels le roi Numa a institué un septième
collège[489], celui des potiers. Bien plus, nombreux sont
ceux qui ont choisi d'être enterrés après leur mort dans
des cuves de terre cuite, comme M. Varron, enseveli à la
mode pythagoricienne dans des feuilles de myrte, d'oli-
vier et de peuplier noir[490]. La majeure partie de l'humanité utilise des récipients de terre cuite. Pour les services
de table, la poterie de Samos[491] est encore très estimée

489. Voir Plutarque, *Numa*, 17.
490. Mode d'inhumation rare à l'époque de Varron.
491. Vases lisses et cassants, de forme inconnue.

Retinent hanc nobilitatem et Arretium in Italia et
calicum tantum Surrentum, Hasta, Pollentia, in
Hispania Saguntum, in Asia Pergamum. Habent et 161
Trallis ibi opera sua et in Italia Mutina, quoniam et
sic gentes nobilitantur et haec quoque per maria,
terras ultro citro portantur, insignibus rotae officinis.
Erythris in templo hodieque ostenduntur amphorae
duae propter tenuitatem consecratae discipuli magis-
trique certamine, uter tenuiorem humum duceret.
Cois *ea* laus maxima, Hadrianis firmitas, nonnullis
circa hoc seucritatis quoque exemplis. Q. Coponium 162
inuenimus ambitus damnatum, quia uini amphoram
dedisset dono ei, cui suffragi latio erat. Atque ut *e*
luxu quoque aliqua contingat auctoritas figlinis, tripatinium, inquit Fenestella, appellabatur summa
cenarum lautitia : una erat murenarum, altera lupo-
rum, tertia mixti piscis, inclinatis iam scilicet moribus, ut tamen eos praeferre Graeciae etiam philoso-

Possèdent la même réputation Arezzo en Italie ainsi que Sorrente — seulement pour ses coupes —, Hasta Pollentia, en Espagne Sagonte, en Asie Pergame. De même Tralles, dans cette dernière contrée, et en Italie Modène ont leur production propre : de fait, c'est aussi une manière pour les nations d'obtenir une renommée et c'est là également un objet de commerce aussi bien par terre que par mer, lorsque les ateliers de potiers ont acquis une réputation. À Érythres, dans un temple, on montre encore aujourd'hui deux amphores qui y ont été consacrées en raison de la minceur de leurs parois, après un concours entre un maître et son élève pour savoir lequel des deux amincirait le plus la terre. Cette finesse est le mérite principal attribué aux vases de Cos ; celui des vases d'Hadria est la solidité ; à propos de vases, on rapporte quelques exemples de jugements sévères. Il se trouve que Q. Coponius[492] fut condamné pour brigue pour avoir fait cadeau d'une amphore de vin à un électeur. Et si l'on veut faire intervenir également le luxe pour accorder quelque prestige à la poterie, on appelait, selon Fenestella[493], *tripatinium*[494] le service le plus somptueux d'un festin : un plat était constitué par des murènes, un autre par des loups, un troisième par un mélange de poissons : cela à une époque où, évidemment, les mœurs étaient déjà en décadence, préférables cependant encore à celles des philosophes grecs, s'il est

492. Sculpteur homonyme cité *in* Pline, *HN*, XXXVI, 41.
493. Historien du temps d'Auguste.
494. Hapax, de *patina*, casserole à usages multiples.

phis possimus, siquidem in Aristotelis heredum auc-
tione septuaginta patinas uenisse traditur.

Nos cum unam Aesopi tragoediarum histrionis in **163**
natura auium diceremus HS C̄ stetisse, non dubito
indignatos legentes. At, Hercules, Vitellius, in princi-
patu suo $\lceil \overline{X} \rceil$ HS condidit patinam, cui faciendae for-
nax in campis exaedificata erat, quoniam eo peruo-
nit luxuria, ut etiam fictilia pluris constent quam
murrina. Propter hanc Mucianus altero consulatu **164**
suo in conquestione exprobrauit patinarum paludes
Vitelli memoriae, non illa foediore, cuius ueneno
Asprenati reo Cassius Seuerus accusator obiciebat
interisse conuiuas CXXX. Nobilitantur his quoque **165**
oppida, ut Regium et Cumae. Samia testa Matris
deum sacerdotes, qui Galli uocantur, uirilitatem
amputare nec aliter citra perniciem, M. Caelio cre-
damus, qui linguam sic amputandam obiecit graui
probro, tamquam et ipse iam tunc eidem Vitellio
malediceret. Quid non excogitat uita fractis etiam

---

495. Clodius Aesopus, acteur célèbre du temps de Cicéron.
496. Voir Suétone, *Vitell.*, 13.
497. Trois fois consul, gouverneur de Syrie en 69 ap. J.-C., il rap-
porta de ses voyages en Asie Mineure des *Mirabilia* où Pline puisa
abondamment.

vrai que, selon la tradition, soixante-dix plats furent vendus aux enchères par les héritiers d'Aristote.

Quand, en traitant des oiseaux, je disais qu'un seul plat, appartenant à l'acteur tragique Ésope[495], lui avait coûté 100 000 sesterces, je ne doute pas que les lecteurs s'en soient indignés. Mais, par Hercule, Vitellius[496], pendant son règne, fit faire un plat qui valut un million de sesterces, pour la fabrication duquel il avait fallu construire un four en plein air : ainsi le goût du luxe en arriva à faire payer plus cher des vases de terre que des vases murrhins. C'est à cause de ce plat que Mucien[497], lors de son second consulat, reprocha à la mémoire de Vitellius, dans un discours de récrimination, ce genre de pièces de vaisselle grandes comme des étangs ; celle-ci pourtant n'avait rien de plus détestable que le plat empoisonné qui, selon l'accusation portée contre Asprenas par Cassius Severus[498], avait provoqué la mort de cent trente convives. La poterie procure également la renommée à des cités, comme Regium ou Cumes. C'est avec des tessons de poterie samienne que les prêtres de la Mère des Dieux, appelés Galles, se privent de leur virilité[499], seul moyen d'éviter une issue fatale, si l'on en croit M. Caelius[500], qui a proposé, en cas d'outrage grave, de couper la langue par ce procédé, comme si, dès son époque, il adressait déjà personnellement un reproche au même Vitellius. Quelles ne sont pas les inventions dues à l'expérience humaine ! On utilise des tessons de poterie en fragments que l'on broie en y ajou-

498. Voir Suétone, *Aug.*, 56.
499. Voir, *e.g.*, Juvénal, VI, v. 514, et Minucius Felix, XXIV, 4.
500. Consul en - 82.

testis utendo, sic ut firmius durent, tunsis calce addita, quae uocant Signina! Quo genere etiam pauimenta excogitauit.

XLVII (13). Verum et ipsius terrae sunt alia com- 166 menta. Quis enim satis miretur pessumam eius partem ideoque puluerem appellatam in Puteolanis collibus opponi maris fluctibus, mersumque protinus fieri lapidem unum inexpugnabilem undis et fortiorem cotidie, utique si Cumano misceatur caemento ? Eadem 167 est terrae natura et in Cyzicena regione, sed ibi non puluis, uerum ipsa terra qua libeat magnitudine excisa et demersa in mare lapidea extrahitur. Hoc idem circa Cassandream produnt fieri, et in fonte Cnidio dulci intra octo menses terram lapidescere. Ab Oropo quidem Aulida usque quidquid attingitur mari terrae mutatur in saxa. Non multum a pulucre Puteolano distat e Nilo harena tenuissima sui parte, non ad sustinenda maria fluctusque frangendos, sed

501. Voir Vitruve, VII, 1, 3.
502. La pouzzolane, d'origine volcanique.
503. Voir Vitruve, II, 6, 1.
504. En Mysie, sur la Propontide.

tant de la chaux pour qu'ils soient plus solides et durent plus longtemps : on appelle ce matériau ciment de Signia. On a aussi inventé de faire des pavements en agglomérat de ce genre[501].

XLVII (13). Mais la terre elle-même fournit d'autres ressources. Qui en effet pourrait assez s'étonner de voir la partie la plus vile de la terre, appelée pour cette raison poussière, et que l'on trouve sur les collines de Pouzzoles[502], former barrière aux flots de la mer et devenir, dès l'immersion, un bloc de pierre massif[503], inattaquable aux eaux et durcissant de jour en jour, surtout si on le mêle à de la pierraille de Cumes ? La nature de la terre est également la même dans la région de Cyzique[504] : là toutefois il ne s'agit pas de poussière, mais bien de la terre elle-même, que l'on découpe à la dimension voulue et qui, plongée dans la mer, en ressort dure comme la pierre. L'effet est le même, dit-on, aux environs de Cassandrée[505] ; on prétend aussi que, dans la source de Cnide[506], qui est douce, la terre se pétrifie en huit mois. D'Orope à Aulis[507], il est vrai que toute partie de terre touchée par la mer se transforme en roche. Peu différent de la poussière de Pouzzoles est le sable du Nil le plus fin, que l'on utilise, non pas pour résister à la mer et en briser les flots, mais pour dompter les corps

---

505. Ancienne Potidée, péninsule de Pallène (Chalcidique).
506. Célèbre pour la Vénus de Praxitèle.
507. En Béotie.

ad debellanda corpora palaestrae studiis. Inde certe 168
Patrobio, Neronis principis liberto, aduehebatur. Quin
et Cratero et Leonnato ac Meleagro, Alexandri Magni
ducibus, sablum hoc portari cum reliquis militari-
bus commerciis reperio, plura de hac parte non dic-
turus, non, Hercules, magis quam de terrae usu in
ceromatis, quibus exercendo iuuentus nostra corpo-
ris uires perdit animorum. XLVIII (14). Quid ? 169
Non in Africa Hispaniaque e terra parietes, quos
appellant formaceos, quoniam in forma circumdatis
II utrimque tabulis inferciuntur uerius quam struun-
tur, aeuis durant, incorrupti imbribus, uentis, igni-
bus omnique caemento firmiores ? Spectat etiam
nunc speculas Hannibalis Hispania terrenasque
turres iugis montium inpositas. Hinc et caespitum
natura castrorum uallis accommodata contraque
fluminum impetus aggeribus. Inlini quidem crates
parietum luto et lateribus crudis exstrui quis ignorat ?

XLIX. Lateres non sunt ex sabuloso neque hare- 170

par les exercices de la palestre. En tout cas Patrobius[508], affranchi de l'empereur Néron, en importait de cette contrée. De plus, selon mes renseignements, Craterus, Leonnatus et Méléagre, généraux d'Alexandre le Grand, faisaient transporter de ce sable avec les autres fournitures militaires. Je n'en dirai pas plus sur ce sujet, non plus, par Hercule, que sur l'usage de la terre dans les onguents dont se sert notre jeunesse qui, en exerçant sa vigueur corporelle, perd sa force d'âme.

XLVIII (**14**). Et puis n'y a-t-il pas, en Afrique et en Espagne, des murs en terre, appelées *formacei* (faits à la forme, ou au moule), car ils sont construits par bourrage dans un moule composé de deux panneaux placés de part et d'autre, plutôt que véritablement édifiés : ils durent des générations, inattaquables à la pluie, au vent, au feu, et sont plus solides que toute espèce de moellons. L'Espagne peut encore voir les postes d'observation d'Hannibal et ses tours de terre[509] placées sur les chaînes de montagnes. De même nature sont les mottes gazonnées employées pour le retranchement des camps et pour les digues destinées à contenir l'assaut des fleuves. De fait, qui ne sait que l'on enduit d'argile des parois faites de treillis de bois et qu'on les édifie ainsi en espèces de briques crues ?

XLIX. Les briques doivent être tirées, non d'un sol

508. Tué par Galba
509. Allusion aux préparatifs de la seconde guerre punique.

noso multoque minus calculoso ducendi solo, sed e
cretoso et albicante aut ex rubrica uel etiam e sabulo,
masculo certe. Finguntur optime uere, nam solstitio
rimosi fiunt. Aedificiis non nisi bimos probant, quin
et intritam ipsam eorum, priusquam fingantur, mace-
rari oportet.

Genera eorum, quae tria, Lydion quo utimur, lon- **171**
gum sesquipedem, latum pedem, alterum tetradoron,
tertium pentadoron. Graeci enim antiqui δῶρον pal-
mum uocabant et ideo δῶρα munera, quia manu
darentur ; ergo a quattuor et quinque palmis, prout
sunt, nominantur. Eadem est et latitudo. Minore
priuatis operibus, maiore in publicis utuntur in
Graecia. Pitanae in Asia et in ulteriore Hispania
ciuitatibus Maxilua et Callet fiunt lateres, qui siccati
non merguntur in aqua. Sunt enim e terra pumicosa,
cum subigi potest, utilissima. Graeci, praeterquam **172**

sablonneux ou graveleux, encore moins d'un sol caillouteux, mais d'un sol crayeux et blanchâtre ou contenant de la rubrique ; on peut même utiliser le sable, à condition que ce soit du sable mâle[510]. La meilleure époque pour les façonner est le printemps, car à l'époque du solstice elles se fendillent. Pour les constructions on recommande seulement celles de deux ans ; de plus, il faut que soit bien humecté le mortier qui sert à les fabriquer avant de les mettre au moule.

En voici les espèces, qui sont au nombre de trois : la lydienne — celle que nous employons —, longue d'un pied et demi, large d'un pied ; puis la *tetradoron* ; enfin la *pentadoron*. Les anciens Grecs en effet appelaient *doron* notre palme, d'où l'expression *dora* pour désigner des cadeaux, vu que c'était la main qui les faisait. Les briques tirent donc leur nom, selon le cas, d'expressions signifiant quatre ou cinq palmes. La largeur reste la même. En Grèce on utilise l'espèce la plus petite pour les constructions privées et la plus grande pour les bâtiments publics. À Pitane[511] en Asie et à Maxilua et Calet[512], cités de l'Espagne Ultérieure, on fait des briques qui, une fois sèches, ne s'enfoncent pas dans l'eau. Elles sont en effet composées d'une terre poreuse qui présente de grands avantages quand on peut la travailler. Les Grecs, excepté lorsque les constructions

510. Sable grossier. Voir Pline, *HN*, XXXI, 48.
511. En Mysie.
512. Voir Vitruve, II, 3, 4.

ubi e silice fieri poterat structura, latericios parietes
praetulere. Sunt enim aeterni, si ad perpendiculum
fiant. Ideo et publica opera et regias domos sic
struxere : murum Athenis, qui ad montem Hymet-
*t*um spectat, Patris aedes Iouis et Herculis, quamuis
lapideas columnas et epistylia circumdarent, domum
Trallibus regiam Attali, item Sardibus Croesi, quam
gerusi*an* fecere, Halicarnasi Mausoli, quae etiam
nunc durant. Lacedaemone quidem latericiis parie-   **173**
tibus excisum opus tectorium propter excellentiam
picturae ligneis formis inclusum Romam deportauere
in aedilitate ad comitium exornandum Murena et
Varro. Cum opus per se mirum esset, tralatum tamen
magis mirabantur. In Italia quoque latericius murus
Arreti et Meuaniae est. Romae non fiunt talia aedi-
ficia, quia sesquipedalis paries non plus quam unam

513. Vers l'est.
514. Attale Ier (-241/-197).
515. -560/-546.

pouvaient être faites en pierre dure ont préféré les
murailles de brique. Celles-ci sont en effet indestruc-
tibles si elles sont édifiées bien perpendiculairement.
Aussi est-ce avec ce matériau qu'ils ont construit bâtiments publics et palais royaux : à Athènes, le mur qui
regarde du côté du mont Hymette[513] ; à Patras, les
temples de Jupiter et d'Hercule (bien que les colonnes et
les architraves de l'enceinte soient en pierre) ; à Tralles,
le palais royal d'Attale[514] ; de même à Sardes[515], celui
de Crésus, dont on a fait une maison de retraite[516], et à
Halicarnasse celui de Mausole[517], tous édifices qui subsistent encore aujourd'hui. Il est un fait qu'à
Lacédémone Muréna et Varron, pendant leur édilité[518],
firent découper le revêtement de stuc recouvrant des
murs de brique, à cause de la qualité de la peinture qui
l'ornait : on l'entoura d'un cadre de bois et on le trans-
porta à Rome pour décorer le *comitium*. L'œuvre avait
beau être en soi admirable, c'est son transfert qui pourtant suscitait davantage l'admiration. En Italie également on trouve un mur de brique à Arezzo et à Mevania.
Mais à Rome on n'a pas de semblable construction, car
une paroi d'un pied et demi ne peut supporter plus d'un
étage et il existe un règlement interdisant une plus gran-

516. Salle de réunion.
517. -377/-353.
518. Varron fut édile en - 68, mais peut-être est-ce une erreur de
Pline, un A. Terentius Varro Murena ayant été édile en - 25 puis consul
avec Auguste en - 23.

contignationem tolerat, cautumque est, ne commu-
nis crassior fiat, nec intergeriuorum ratio patitur.

L (15). Haec sint dicta de lateribus. In terrae autem 174
reliquis generibus uel maxime mira natura est sulpuris,
quo plurima domantur. Nascitur in insulis Aeoliis
inter Siciliam et Italiam, quas ardere diximus, sed
nobilissimum in Melo insula. In Italia quoque inuenitur in Neapolitano Campanoque agro collibus, qui
uocantur Leucogaei. Ibi e cuniculis effossum perficitur igni. Genera IIII : uiuum, quod Graeci apy- 175
ron uocant, nascitur solidum, hoc est glaeba ; solum,
— cetera enim liquore constant et conficiuntur oleo
incocta —, uiuum effoditur tralucetque et uiret. Solo
ex omnibus generibus medici utuntur. Alterum genus
appellant glaebam, fullonum tantum officinis familiare.
Tertio quoque generi unus tantum est usus ad lanas
suffiendas, quoniam candorem mollitiamque confert.

de épaisseur pour les parois communes, le système utilisé pour les murs mitoyens ne l'autorisant pas.

L **(15)**. Voilà pour les briques. Quant aux autres espèces de terres, la plus remarquable d'entre elles est peut-être le soufre, qui a la propriété d'agir puissamment sur de très nombreuses substances. On le trouve à l'état natif dans les îles Éoliennes[519], entre la Sicile et l'Italie, qui, nous l'avons dit, sont volcaniques, mais le plus renommé est celui de l'île de Mélos. Il se rencontre aussi en Italie, sur le territoire de Naples et en Campanie, dans les collines appelées Leucogées[520] ; là on l'extrait de galeries et on le purifie par le feu. Il y a quatre espèces de soufre : le soufre vif, que les Grecs appellent *apyron*, se trouve à l'état natif sous forme solide, c'est-à-dire en blocs ; il est le seul — car les autres sont obtenus à l'état liquide et se préparent par cuisson dans l'huile —, être extrait à l'état vif en fragments transparents et verts. C'est la seule de toutes les espèces qu'utilisent les médecins[521]. La seconde espèce est appelée *glaeba* (soufre en blocs) ; on ne la trouve communément que dans les ateliers de foulons. De même la troisième espèce n'a qu'un seul usage : purifier la laine par fumigation, car ce procédé lui apporte blancheur et moelleux. On appelle cette

519. Voir Pline, *HN*, III, 92.
520. Voir Pline, *HN*, XVIII, 114.
521. Voir Dioscoride, V, 124.

Egula uocatur hoc genus, quartum † caute † ad ellych-
nia maxime conficienda ; cetero tantum uis est ut
morbos comitiales deprehendat nidore inpositum
igni. Lusit et Anaxilaus eo, addens in calicem uini
prunaque subdita circumferens, exardescentis reper-
cussu pallorem dirum uelut defunctorum effunden-
tem conuiuiis. Natura eius excalfacit, concoquit, sed 176
et discutit collectiones corporum, ob hoc talibus
emplastris malagmatisque miscetur. Renibus quoque
et lumbis in dolore cum adipe mire prodest inpositum. Aufert et lichenas faciei cum terebinthi resina
et lepras ; harpax ita uocatur a celeritate praebendi,
auelli enim subinde debet. Prodest et suspiriosis 177
linctu, purulenta quoque extussientibus et contra
scorpionum ictus. Vitiligines uiuum nitro mixtum
atque ex aceto tritum et inlitum tollit, item lendes.

espèce *egula*. La quatrième (nommée) + caute + [522] sert surtout à fabriquer des mèches de lampe. Du reste le soufre a des propriétés si puissantes qu'il permet de détecter l'épilepsie par l'odeur qu'il dégage si on le met sur le feu. Anaxilaus[523] s'en est servi pour s'amuser : il en mettait un peu dans une coupe de vin sous laquelle il plaçait des braises et qu'il faisait passer à la ronde : le récipient, grâce au reflet du soufre brûlant, répandait alors sur l'assemblée des convives une pâleur lugubre, semblable à celle de cadavres. Cette substance a des vertus échauffantes et maturatives, mais en outre elle réduit les abcès : aussi en mêle-t-on aux emplâtres et aux onguents utilisés dans de tels cas. Elle est également d'une remarquable efficacité, en applications et mêlée à de la graisse, pour les douleurs des reins et de la région lombaire. Avec adjonction de térébenthine, elle sert à enlever les dartres du visage et les lèpres ; on l'appelle *harpax*[524], à cause de la rapidité de son effet ; aussi doit-on l'enlever de temps en temps. En électuaire, elle est efficace pour les asthmatiques, ainsi que pour les expectorations purulentes et contre les piqûres de scorpions. Une application de soufre vif mêlé à du carbonate de soude et broyé dans du vinaigre fait disparaître le dartre blanc, de même que les lentes ; on l'utilise pour les pau-

522. Sans doute un terme mal compris. Voir Croisille, note 7 du § 176 (éd. CUF).

523. Pythagoricien originaire de Larissa, banni de Rome par Auguste en - 28. Plutôt naturaliste que médecin.

524. Du mot grec signifiant « rapace ».

et in palpebris aceto sandaracato admixtum. Habet
et in religionibus locum ad expiandas suffitu domos.
Sentitur uis eius et in aquis feruentibus, neque alia
res facilius accenditur, quo apparet ignium uim
magnam ei inesse. Fulmina, fulgura quoque sulpuris
odorem habent, ac lux ipsa eorum sulpurea est.

LI. Et bituminis uicina natura est. Aliubi limus, 178
aliubi terra est, limus e Iudaeae lacu, ut diximus,
emergens, terra in Syria circa Sidonem oppidum
maritimum. Spissantur haec utraque et in densita-
tem coeunt. Est uero liquidum bitumen, sicut
Zacynthium et quod a Babylone inuehitur ; ibi quidem et candidum gignitur. Liquidum est et Apollo-
niaticum, quae omnia Graeci pissasphalton appellant ex argumento picis ac bituminis. Gignitur et 179
pingue oleique liquoris in Sicilia Agragantino fonte,
inficiens riuum. Incolae id harundinum paniculis col-

pières, mêlé à du vinaigre additionné de réalgar[525]. Le soufre a aussi sa place dans les cérémonies religieuses : il sert à purifier les demeures par fumigation. Sa vertu est également perceptible dans les sources chaudes Nulle substance ne s'allume plus facilement, ce qui démontre qu'il contient du feu très actif. La foudre et les éclairs ont aussi une odeur de soufre et la lumière même qu'ils répandent est sulfureuse.

LI. Proche de la nature du soufre est celle du bitume. En certains lieux c'est un limon, en d'autres c'est une terre. Le limon, nous l'avons dit, sort du lac de Judée ; la terre se trouve en Syrie près de la citadelle maritime de Sidon. Ces deux variétés s'épaississent et se condensent jusqu'à solidification. Mais il y a aussi une espèce de bitume liquide, comme celui de Zacynthe[526] et celui que l'on importe de Babylone ; en fait, à ce dernier endroit, on en trouve aussi de couleur blanche. Le bitume d'Apollonie est également liquide. Les Grecs donnent à toutes ces variétés le nom de *pissasphalte*[527], d'après leur évidente ressemblance à la poix mêlée au bitume. On trouve aussi un bitume gras, de consistance huileuse, en Sicile dans une source d'Agrigente, et il souille le ruisseau qui en provient. Les habitants le

525. Voir Pline, *HN*, XXIII, 18 ; XXVIII, 223 ; XXX, 75 ; XXXII, 126 et XXXIV, 177.

526. Voir, *e.g.*, Hérodote, IV, 195.

527. Produit d'origine minérale, mais qui a l'odeur de la poix. Voir Pline, *HN*, XIV, 122.

ligunt, citissime sic adhaerescens, utunturque eo ad
lucernarum lumina olei uice, item ad scabiem iumen-
torum. Sunt qui et naph̄tham, de qua in secundo
diximus uolumine, bituminis generibus adscribant,
uerum eius ardens natura et ignium cognata procul
ab omni usu abest. Bituminis probatio ut quam   180
maxime splendeat sitque ponderosum, graue ; leue
autem modice, quoniam adulteratur pice. Vis quae
sulpuri : sistit, discutit, contrahit, glutinat. Ser-
pentes accensum nidore fugat. Ad suffusiones oculorum et albugines Babylonium efficax traditur, item
ad lepras, lichenas, pruritusque corporum. Inlinitur
et podagris. Omnia autem eius genera incommodos
oculorum pilos replicant, dentium doloribus mede-
tur simul nitro inlitum. Lenit tussim ueterem et   181
anhelitus cum uino potum ; dysintericis etiam datur
eodem modo sistitque aluum. Cum aceto uero potum
discutit concretum sanguinem ac detrahit. Mitigat
lumborum dolores, item articulorum, cum farina hor-
deacia inpositum emplastrum peculiare facit suo
nomine. Sanguinem sistit, uolnera colligit, glutinat

recueillent avec des panicules de roseaux auxquelles il adhère très facilement, et ils s'en servent pour alimenter les lampes en guise d'huile, ainsi que pour soigner la gale des bêtes de somme[528]. Il en est qui rangent aussi parmi les bitumes la naphte, dont nous avons parlé au livre II[529], mais sa nature inflammable, proche de celle du feu, la rend impropre à tout usage. La marque de la qualité du bitume est d'être aussi brillant que possible et lourd, avec une odeur forte ; quand il est léger, son éclat est faible, car il est falsifié avec de la poix. Ses effets sont ceux du soufre : il arrête les écoulements, a des effets résolutifs, permet la cicatrisation et le recollement. Quand on y met le feu, ses vapeurs font fuir les serpents. Le bitume de Babylone est, dit-on, efficace pour les cataractes et les leucomes, de même que pour les lèpres, les dartres et les affections prurigineuses. On en fait seulement des applications en liniments pour la goutte. D'autre part toutes les espèces de bitume servent à redresser les cils qui gênent la vue ; en baume, mêlé de nitre il sert à soigner les maux de dents. Pris dans du vin, il calme la toux chronique et l'asthme ; administré de la même manière dans les cas de dysenterie, il arrête la diarrhée. Pris dans du vinaigre, il dissout les caillots de sang et en permet l'expulsion. Il adoucit les douleurs lombaires et articulaires ; appliqué avec de la farine d'orge, il constitue un cataplasme spécial qui porte son

---

528. Voir, *e. g.*, Virgile, *Géorg* III, v. 451.
529. Voir Pline, *HN*, II, 235.

neruos. Vtuntur etiam ad quartanas bituminis drach*m*a et hedyosmi pari pondere cum murrae obolo subacti. Comitiales morbos ustum deprendit. 182 Voluarum strangulationes olfactu discutit cum uino et castoreo, procidentes suffitu reprimit, purgationes feminarum in uino potum elicit. In reliquo usu aeramentis inlinitur firmatque ea contra ignes. Diximus et tingui solitum aes eo statuasque inlini. Calcis quoque usum praebuit ita feruminatis Babylonis muris. Placet in ferrariis fabrorum officinis tinguendo ferro clauorum capitibus et multis aliis usibus.

LII. Nec minor est aut adeo dissimilis aluminis 183 opera, quod intellegitur salsugo terrae. Plura et eius genera. In Cypro candidum et nigrius, exigua coloris differentia, cum sit usu magn*a*, quoniam inficiendis claro colore lanis candidum liquidumque

530. Voir Celse, III, 23, et *supra*, § 175.
531. Sécrétion du castor. Voir Pline, *HN*, XXXII, 3, 36.
532. Voir Pline, *HN*, XXXIV, 15.

nom. Il est hémostatique, cicatrise les plaies et recolle les fibres musculaires. On l'utilise aussi pour les fièvres quartes, à la dose d'une drachme de bitume, avec poids égal de menthe, que l'on pétrit avec une obole de myrrhe. Si on le brûle, il permet de détecter l'épilepsie[530]. Si on l'inhale, mêlé à du vin et à du *castoreum*[531], il décongestionne la matrice ; en fumigation, il en combat la chute ; pris dans du vin, il favorise la menstruation. Parmi ses autres usages, il sert comme revêtement pour les objets de bronze, ce qui les rend plus résistants au feu. Nous avons déjà dit qu'on l'utilisait aussi pour vernir le bronze et enduire les statues[532]. On s'en est également servi en guise de chaux et les murs de Babylone sont cimentés de la sorte[533]. Il est en faveur dans les ateliers de forgerons où l'on en vernit le fer, les têtes de clous et où il a de nombreux autres usages.

LII. L'emploi de l'alun[534] n'est pas de moindre importance ni tellement différent : on entend par là un sel exsudé par la terre. Il y en a aussi plusieurs espèces. À Chypre on trouve une espèce blanche et une plutôt noire ; si la différence de coloris est faible, celle qui concerne l'utilisation est grande, car l'espèce blanche et liquide est d'usage très courant pour teindre la laine[535]

533. Voir § 178 et Hérodote, I, 179.

534. Sous ce nom, Pline regroupe diverses substances astringentes.

535. Voir Pline, *HN*, XXXIII, 88.

utilissimum est contraquo fuscis aut obscuris nigrum.
Et aurum nigro purgatur. Fit autem omne ex aqua 184
limoque, hoc est terrae exudantis natura. Conriua-
tum hieme aestius solibus maturatur. Quod fuit ex
eo praecox, candidius fit. Gignitur autem in Hispania, Aegypto, Armenia, Macedonia, Ponto, Africa,
insulis Sardinia, Melo, Lipara, Strongyle. Laudatissimum in Aegypto, proximum in Melo. Huius quoque
duae species, liquidum spissumque. Liquidi probatio
ut sit limpidum lacteumque, sine offensis fricandi,
cum quodam igniculo coloris. Hoc phorimon uocant.
An sit adulteratum, deprehenditur suco Punici mali ;
sincerum enim mixtura... ; alterum genus est pallidi
et scabri et quod inficiatur galla, ideoque hoc uocant
paraphoron. Vis liquidi aluminis adstringere, indu- 185
rare, rodere. Melle admixto sanat oris ulcera, papulas pruritusque. Haec curatio fit in balneis II mellis
partibus, tertia aluminis. Virus alarum sudorisque
sedat. Sumitur pilulis contra lienis uitia pellendum-

en couleur claire, tandis que la noire sert à la teindre en couleurs sombres ou obscures. La dernière espèce sert également pour purifier l'or[536]. Tous les aluns sont composés d'eau et de limon : c'est une exsudation naturelle du sol. Elle se concentre en hiver et sa cristallisation s'achève au soleil d'été. La partie déposée la première est la plus blanche. On trouve l'alun en Espagne, Égypte, Arménie, Macédoine, dans le Pont, en Afrique[537], dans les îles de Sardaigne, Mélos, Lipari, Strongyle. Le plus apprécié est celui d'Égypte, puis vient celui de Mélos, ce dernier possédant également deux espèces, l'une liquide, l'autre solide. Un bon alun liquide doit être limpide et laiteux, ne doit pas irriter quand on le frotte entre les doigts et doit posséder un léger reflet couleur de feu. On l'appelle *phorimon* (abondant). On détecte son éventuelle falsification à l'aide du jus de grenade en effet, s'il est pur, le mélange… ; l'autre alun est de nature pâle et granuleuse et peut être teinté avec de la noix de galle : voilà pourquoi on l'appelle *paraphoron*[538] (falsifié). L'alun liquide a des propriétés astringentes et corrosives. Mêlé à du miel, il sert à soigner les ulcérations de la bouche, les papules et les prurits. Dans ce dernier cas, le traitement se fait dans un bain contenant deux parties de miel pour une d'alun. Il dissipe la mauvaise odeur des aisselles et de la transpiration. On le prend en pilules contre les affections de la rate et l'hé-

536. Nettoyage superficiel (*HN*, XXXIII, 65) ou purification magique (*HN*, XXXIII, 84).

537. C'est-à-dire dans la province romaine.

538. Mot grec signifiant fou, égaré ; par extension, s'applique à un produit de moindre qualité.

que per urinam sanguinem. Emendat et scabiem
nitro ac melanthio admixtis.

    Concreti aluminis unum genus σχιστὸν appellant 186
Graeci, in capillamenta quaedam canescentia dehis-
cens, unde quidam trichitim potius appellauere. Hoc
fit e lapide, ex quo et aes — chalcitim uocamus —,
sudor quidam eius lapidis in spumam coagulatus.
Hoc genus aluminis minus siccat minusque sistit
umorem inutilem corporum, et auribus magnopere
prodest infusum uel inlitum, et oris ulceribus denti-
busque et si saliua cum eo contineatur. Et oculorum
medicamentis inseritur apte uerendisque utriusque
sexus. Coquitur in catinis donec liquari desinat.
Inertioris est alterum generis, quod strongylen 187
uocant. Duae et eius species, fungosum atque omni
umore dilui facile, quod in totum damnatur. Melius

maturie. Si on y mêle du nitre[539] et de la nigelle[540], c'est aussi un remède contre la gale.

Une espèce d'alun solide est appelée *schiston*[541] par les Grecs : il se divise en sortes de filaments blanchâtres, d'où le nom de *trichitis*[542] que certains ont préféré lui donner. Il provient du minerai qui fournit aussi le cuivre — et que nous appelons *chalcitis* — c'est une sorte d'exsudation de ce minerai coagulée en écume. Cette espèce d'alun est moins siccative et moins apte à arrêter les humeurs corporelles nuisibles ; il est d'une grande utilité pour les douleurs d'oreilles en instillation ou en pommade, ainsi que pour les ulcères de la bouche et les maux de dents, même si on le garde dans la bouche avec la salive. Il entre aussi utilement dans la composition des médicaments destinés aux yeux ainsi qu'aux parties génitales des deux sexes. On le fait chauffer dans des creusets jusqu'à ce qu'il perde sa nature liquide. Il y a une autre espèce d'alun moins active, que l'on appelle *strongyle*[543]. Celui-ci comprend aussi deux variétés : l'une a l'aspect d'un champignon et se dissout facilement dans tout liquide ; on n'en fait aucun cas ; la variété poreuse est meilleure : elle est percée de trous, sem-

---

539. Voir § 177.
540. Sans doute de la camomille.
541. « Facile à fendre. »
542. Littéralement, chevelu. Voir Dioscoride, V, 123.
543. De *strongylos*, rond, sphérique.

pumicosum et foraminum fistulis spongeae simile
rotundumque natura, candido propius, cum quadam
pinguitudine, sine harenis, friabile, nec inficiens
nigritia. Hoc coquitur per se carbonibus puris, donec
cinis fiat. Optimum ex omnibus quod melinum uocant 188
ab insula, ut diximus. Nulli uis maior neque adstrin-
gendi neque denigrandi neque indurandi, nullum
spissius. Oculorum scabritias extenuat, combustum
utilius epiphoris inhibendis, sic et ad pruritus cor-
poris. Sanguinem quoque sistit intus *potum*, foris
inlitum. Euulsis pilis ex aceto inlinitur renascentes-
que mollit in lanuginem. Summa omnium generum 189
uis in adstringendo, unde nomen Graecis. Ob id
oculorum uitiis aptissima sunt, sanguinis fluctiones
inhibent. Cum adipe putrescentia ulcerum compes-
cit — sic et infantium ulcera et hydropicorum erup-

blables à ceux d'une éponge, et se présente en blocs arrondis ; elle se rapproche de l'alun blanc, est assez grasse, sans graviers, friable, et ne permet pas de teindre en couleurs sombres. On chauffe cet alun tout seul sur des braises bien propres jusqu'à ce qu'il se réduise en cendres. La meilleure de toutes les espèces est celle que l'on appelle *melinum*[544], du nom de l'île où on le trouve, comme nous l'avons dit. Aucune ne possède à un plus haut degré des propriétés astringentes, noircissantes et durcissantes ; aucune n'est plus compacte. Elle atténue les granulations des paupières ; calcinée, elle est plus efficace pour combattre les écoulements, de même que les affections corporelles prurigineuses. En potion, c'est un hémostatique interne ; en pommade, un hémostatique externe. En le mélangeant à du vinaigre, on en frotte les parties épilées, ce qui transforme les poils renaissants en un duvet moelleux. La propriété principale de toutes les espèces d'alun est d'être astringentes, d'où le nom grec[545]. C'est pourquoi les aluns sont très appropriés pour les affections oculaires et pour combattre les hémorragies. Mêlé à de la graisse, le produit empêche l'extension des ulcères putrides — la même préparation sert pour assécher les ulcères infantiles ainsi que les

---

544. Voir § 184 (contradiction de Pline).
545. *Stupteria*, du grec *stuptikos*, astringent.

tiones siccat — et aurium uitia cum suco Punici mali
et unguium scabritias cicatricumque duritias et
pterygia ac perniones phagedaenas ulcerum ex aceto
aut cum galla pari pondere cremata, lepras cum
suco olerum, cum salis uero II partibus uitia, quae
serpunt, lendes et alia capillorum animalia aquae
permixtum. Sic et ambustis prodest et furfuribus 190
corporum cum sero picis. Infunditur et dysintericis ;
uuam quoque in ore comprimit ac tonsillas. Ad
omnia, quae in ceteris generibus diximus, efficacius
intellegatur ex Melo aduectum. Nam ad reliquos usus
uitae in coriis lanisque perficiendis quanti sit
momenti, significatum est.

LIII (16). Ab his per se ad medicinam pertinen- 191
tia terrae genera tractabimus. Samiae II sunt, quae
collyrium et quae aster appellantur. Prioris laus ut
recens sit ac lenissima linguaeque glutinosa, altera

éruptions chez les hydropiques ; additionné de jus de grenade, c'est un remède contre les maux d'oreilles, la rugosité des ongles, les cicatrices indurées ainsi que les ptérygions et les engelures ; dans du vinaigre ou avec de la noix de galle, à poids égal et calcinée, il soigne les ulcères phagédéniques ; avec du jus de chou, la lèpre ; avec deux parties de sel, les affections serpigineuses ; enfin, en solution aqueuse, les lentes et autres parasites des cheveux. En une solution semblable, avec la sérosité qui provient de la poix, il sert pour les brûlures ainsi que pour les cas de desquamation du corps. On l'administre aussi en lavements pour la dysenterie, et également en gargarismes pour soigner luette et amygdales enflées. Pour tous les usages que nous venons de mentionner en relation avec les autres espèces d'alun, il faut regarder comme plus efficace l'espèce importée de Mélos. Quant aux autres utilisations de l'alun dans la vie courante, nous avons attiré l'attention sur leur importance à propos de la préparation des cuirs et laines[546].

LIII (**16**). Ensuite nous allons traiter des espèces de terre qui ont des propriétés dans le domaine médical. Il y a deux sortes de terre de Samos, appelées respectivement *collyrium* et *aster*[547]. Pour être appréciée, il faut que la première soit fraîche, très lisse et colle à la

546. Voir § 183 et *HN*, XXXIV, 123.
547. Voir aussi, *e.g.*, Dioscoride, V, 172, et Galien, XII.

glaebosior ; candida utraque. Vritur, lauatur. Sunt qui praeferant priorem. Prosunt sanguinem expuentibus ; emplastrisque, quae siccandi causa componuntur, oculorum quoque medicamentis miscentur.

LIV. Eretria totidem differentias habet, namque 192 est alba et cinerea, quae praefertur in medicina. Probatur mollitia et quod, si aere perducatur, uiolacium reddit colorem. Vis et ratio eius in medendo dicta est inter pigmenta.

LV. Lauatur omnis terra — in hoc enim loco 193 dicemus — perfusa aqua siccataque solibus, iterum ex aqua trita ac reposita, donec considat et digeri possit in pastillos. Coquitur in calicibus crebro concussis.

LVI. Est in medicaminibus et Chia terra candicans. Effectus eius idem qui Samiae ; usus ad mulierum maxime cutem. Idem et Selinusiae. Lactei coloris haec et aqua dilui celerrima ; eadem lacte diluta

langue ; la seconde est plus compacte ; l'une et l'autre sont blanches. Il faut les calciner et les laver. Certains préfèrent la première espèce. Elles servent dans les cas d'hémoptysie. On les incorpore dans les emplâtres siccatifs ainsi que dans les compositions ophtalmiques.

LIV. La terre d'Érétrie[548] a les mêmes variétés : en effet il y en a une blanche et une cendrée, celle-ci étant préférée en médecine. Celle de qualité doit être molle et, si on la frotte sur du cuivre, doit y laisser une trace violette. Les vertus et l'utilisation de cette terre dans le domaine médical ont été signalées dans la section concernant les pigments colorés.

LV. Toutes les terres — nous choisirons de mentionner ici le fait — se lavent à grande eau et se sèchent au soleil ; puis ou les triture à nouveau dans l'eau et on les met de côté pour qu'elles se déposent et qu'on puisse en former des pains. On les fait cuire dans des creusets que l'on agite fréquemment.

LVI. Une autre terre à usage médical est celle de Chio. Elle tire sur le blanc. Elle a les mêmes propriétés que celle de Samos ; elle est surtout utilisée par les femmes pour embellir leur peau. De même pour la terre de Sélinonte[549]. Cette dernière est de couleur laiteuse et se délaye très rapidement dans l'eau ; en la délayant

---

548. Voir § 30 et 38.
549. Localisation incertaine : Sicile ou Cicilie ?

tectoriorum albaria interpolantur. Pnigitis Eretriae
simillima est, grandioribus tantum glaebis glutino-
saque. Effectus eius idem qui Cimoliae, infirmior tantum. Bitumini simillima est ampelitis. Experimentum eius, si cerae modo accepto oleo liquescat et si
nigricans colos maneat tostae. Vsus ad molliendum
discutiendumque, et ad haec medicamentis additur,
praecipue in calliblepharis et inficiendis capillis.

   LVII (17). Cretae plura genera. Ex iis Cimoliae 195
duo ad medicos pertinentia, candidum et ad purpurissum inclinans. Vis utrique ad discutiendos tumores, sistendas fluctiones aceto adsumpto. Panos quoque et parotidas cohibet et lienem inlita pusulasque,
si uero aphronitrum et cyprum adiciatur et acetum,
pedum tumores ita, ut in sole curatio haec fiat et

---

550. Identification problématique.
551. Voir Dioscoride, V, 181.

dans du lait on s'en sert pour falsifier le badigeon des parois stuquées. La *pnigitis*[550] ressemble beaucoup à la terre d'Érétrie, mais se présente en blocs plus gros et sa nature est collante. Ses propriétés sont les mêmes que celles de la terre cimolienne, mais elle est moins active. L'*ampelitis*[551] ressemble beaucoup au bitume. On en éprouve la qualité quand, additionnée d'huile, elle fond comme de la cire, et quand, une fois grillée, elle garde sa couleur noirâtre. Elle est émolliente et résolutive, aussi l'incorpore-t-on aux médicaments préparés à ces usages, mais elle sert surtout pour les fards à paupières et les teintures à cheveux.

LVII (**17**). Il y a plusieurs espèces de craies. Parmı elles, les deux variétés de craie cimolienne[552] sont utilisées en médecine, l'une blanche, l'autre tirant sur le *purpurissum*[553]. Elles ont, l'une et l'autre, avec addition de vinaigre, la capacité de résoudre les enflures et d'arrêter les écoulements. De même, en application externe, elles guérissent les tumeurs de l'aine, l'inflammation des parotides, les troubles de la rate et les boutons pustuleux ; si d'autre part on y adjoint de l'écume de nitre[554], du henné ainsi que du vinaigre, elles soignent le gonflement des pieds, à condition que le traitement se fasse au soleil et qu'au bout de six heures on procède à un la-

---

552. Voir § 36. Sur les craies, § 37.
553. Voir § 44.
554. Voir Pline, *HN*, XXXI, 110 et 112.

post VI horas aqua salsa abluatur. Testium tumo- 196
ribus cypro et cera addita prodest. Et refrigerandi
quoque natura cretae est, sudoresque immodicos sistit inlita atque ita papulas cohibet ex uino adsumpta
in balineis. Laudatur maxime Thessalica. Nascitur
et in Lycia circa Bubonem. Est et alius Cimoliae usus
in uestibus. Nam Sarda, quae adfertur e Sardinia,
candidis tantum adsumitur, inutilis uersicoloribus,
et est uilissima omnium Cimoliae generum, pretiosior
Vmbrica et quam uocant saxum. Proprietas saxi 197
quod crescit in macerando atque pondere emitur,
illa mensura. Vmbrica non nisi poliendis uestibus
adsumitur. Neque enim pigebit hanc quoque partem
adtingere, cum lex Metilia extet fullonibus dicta,
quam C. Flaminius L. Aemilius censores dedere ad
populum ferendam. Adeo omnia maioribus curae 198
fuere. Ergo ordo hic est : primum abluitur uestis
Sarda, dein sulpure suffitur, mox desquamatur Cimolia quae est coloris ueri. Fucatus enim deprehenditur nigrescitque et funditur sulpure, ueros autem et

vage avec de l'eau salée. Elles servent à soigner l'enflure des testicules avec addition de henné et de cire. La
craie a aussi un caractère réfrigérant : en application
externe elle arrête les sueurs excessives, une même
application, avec du vin, lors d'un bain, supprime les
papules. La plus appréciée est celle de Thessalie. On la
trouve également en Lycie, près de Bubon. Il y a aussi
un autre usage de la craie cimolienne, pour les vêtements. De fait l'espèce nommée *sarda* — qui est importée de Sardaigne — est employée pour les tissus blancs
exclusivement ; on ne s'en sert pas pour les étoffes de
couleur : c'est la moins estimée de toutes les craies
cimoliennes. Plus appréciées sont celle d'Ombrie et
celle que l'on appelle *saxum*[555]. Cette dernière a la propriété de gonfler quand elle s'imbibe et elle se vend au
poids, tandis que l'ombrienne se vend à la mesure.
L'ombrienne ne sert que pour donner du lustre aux
étoffes. Or il ne sera pas hors de propos de dire quelques
mots sur ce sujet : en effet il existe toujours la loi
Metilia, qui a trait aux foulons et que les censeurs C.
Flaminius et L. Aemilius[556] firent passer devant le
peuple. Tant nos ancêtres mettaient de soin à toute
chose. L'ordre des opérations est donc le suivant : on
lave d'abord l'étoffe avec de la *sarda*, puis on la soumet
à une fumigation de soufre ; ensuite on la frotte avec de
la craie cimolienne, à condition qu'elle soit bon teint. En
effet, si la teinture est mauvaise, cela se reconnaît à l'action du soufre qui noircit et décompose la couleur. Quant
aux couleurs authentiques et de bonne qualité, la craie

555. Vraisemblablement la chaux vive.
556. En - 220.

pretiosos colores emollit Cimolia et quodam nitore
exhilarat contristatos sulpure. Candidis uestibus
saxum utilius a suplure, inimicum coloribus. Graecia
pro Cimolia Tymp*h*aico utitur gypso.

LVIII. Alia creta argentaria appellatur nitorem 199
argento reddens ; est et uilissima qua circum prae-
ducere ad uictoriae notam pedesque uenalium trans
maria aduectorum denotare instituerunt maiores ;
talemque Publilium Lochium, mimicae scaenae con-
ditorem, et astrologiae consobrinum eius Manilium
Antiochum, item grammaticae Staberium Erotem
eadem naue aduectos uidere proaui.

(18). Sed quid hos referat aliquis, litterarum 200
honore commendatos ? Talem in catasta uidere Chry-
sogonum Sullae, Amphionem Q. Catuli, *H*ectorem

557. Épire du Nord. Voir Pline, *HN*, XXVI, 182.

558. Voir Pline, *HN*, VIII, 160.

559. Voir Juvénal, I, v, 111.

560. Sans doute Publius Syrus, auteur de mimes, affranchi originaire de Syrie, Ier siècle av. J.-C.

cimolienne les adoucit tout en leur conférant une sorte d'éclat qui les égaie, alors que le soufre les avait assombries. S'il s'agit d'étoffes blanches, le *saxum* est meilleur après le soufre, mais il est l'ennemi des couleurs. En Grèce, au lieu de craie cimolienne, on utilise le gypse de Tymphée[557].

LVIII. Il est une autre craie nommée *argentaria*, qui rend son éclat à l'argent. C'est aussi l'espèce la moins appréciée, celle dont nos ancêtres ont introduit l'usage pour faire, au cirque, le tracé de la ligne marquant l'arrivée du vainqueur[558] et pour blanchir les pieds des esclaves amenés d'outre-mer et mis en vente[559] : tels furent Publilius Lochius[560], créateur des représentations mimiques, son cousin Manilius Antiochus[561], introducteur de l'astronomie, ainsi que Stabérius Éros[562], fondateur de la science grammaticale, que nos aïeux ont vus tous trois amenés par le même vaisseau.

(**18**). Mais pourquoi rappeler ces personnages, que leur distinction dans le domaine littéraire a rendus fameux ? Ainsi présentés sur l'estrade des marchands ont été vus Chrysogonus[563], qui appartint à Sulla ; Amphion, à Q. Catulus ; Hector[564], à L. Lucullus ;

561. Père de l'auteur des *Astronomica* ?
562. Selon Suétone, *Gramm.*, 13, maître de Brutus et de Cassius.
563. Voir Cicéron, *Pro Roscio Amerino*, à propos de ses manœuvres criminelles.
564. Amphion et Hector sont inconnus.

L. Luculli, Demetrium Pompei, Augenque Demetri,
quamquam et ipsa Pompei credita est, Hipparchum
M. Antoni, Menam et Menecraten Sexti Pompei alios-
que deinceps, quos enumerare iam non est, sanguine
Quiritium et proscriptionum licentia ditatos. Hoc 201
est insigne uenaliciis gregibus obprobriumque inso-
lentis fortunae. Quos et nos adeo potiri rerum uidi-
mus, ut praetoria quoque ornamenta decerni a senatu
iubente Agrippina Claudi Caesaris uideremus tantumque non cum laureatis fascibus remitti illo, unde
cretatis pedibus aduenissent.

LIX (19). Praeterea sunt genera terrae proprieta- 202
tis suae, de quibus iam diximus, sed et hoc loco red-
denda natura ; ex Galata insula et circa Clupeam
Africae scorpiones necat, Baliaris et Ebusitana ser-
pentes.

565. Affranchi, natif de Gadara, que Pompée reconstruisit à sa
demande après l'avoir conquise.
566. Inconnue.
567. Qui devait trahir son maître au profit d'Octave.
568. Amiral qui oscilla entre Sextus Pompée et Octave.

Démétrius[565], à Pompée ; Augé[566] à Démétrius — certains cependant ont cru qu'elle appartint aussi à Pompée ; Hipparque[567], à Marc-Antoine ; Ménas[568] et Ménécrate[569], à Sextus Pompée et ainsi de suite bien d'autres, qu'il n'y a pas lieu d'énumérer ici et qui se sont enrichis du sang des citoyens et de la licence des proscriptions[570]. Cette craie est la marque de ces troupeaux d'esclaves à vendre, c'est l'opprobre qui s'attache à une fortune insolente. Ces gens-là, nous les avons vus nous-mêmes devenir tellement puissants qu'on leur fit, sous nos yeux, décerner par le Sénat jusqu'aux ornements prétoriens, à la requête d'Agrippine, femme de l'empereur Claude[571], et peu s'en fallut que nous ne les ayons vus renvoyés, avec les faisceaux ornés de laurier là d'où ils étaient venus, avec les pieds blanchis à la craie.

LIX (19). Il y a, de plus, des espèces de terre aux propriétés particulières, dont nous avons déjà parlé, mais il faut ici en redire les qualités naturelles : la terre provenant de l'île de Galata et des environs de Clupea en Afrique, tue les scorpions ; celle des Baléares et d'Ibiza, les serpents.

---

569. Adversaire du précédent, se suicida en 38 après l'échec de son attaque contre la flotte d'Octave conduite par Ménas.

570. Allusion aux proscriptions de Sylla en - 82, et à celles d'Octave, d'Antoine et de Lépide en - 43.

571. Allusion à Pallas, esclave de la mère de Claude, devenu favori d'Agrippine et affranchi par Claude.

Liste des couleurs

Du paragraphe 30 au paragraphe 40, Pline dresse la liste des couleurs les plus utilisées de son temps :

— *minium* : à l'époque romaine, désigne le cinabre ou la couleur rouge préparée à partir du cinabre ;

— *armenium* : pierre d'Arménie qui approche de la chrysocolle, tirant sur le bleu ;

— *cinnabaris* : dans l'Antiquité, désigne la laque rouge de sang-dragon, résine d'origine végétale ;

— *chrysocolla* : dans l'Antiquité, désigne la malachite ; ne pas confondre avec la chrysocolle, minéral de couleur verte ;

— *indicum* : l'indigo, fait avec du limon venu de l'Inde. Broyé, il est noir ; délayé, il donne un bleu pourpré ;

— *purpurissum* : type de pourpre tirant sur le carmin violacé ;

— *sinopis* : terre d'ocre rouge dont la meilleure variété vient de Sinope et dont les peintres se servaient pour donner de l'éclat ;

— *rubrica* : nom donné à une variété de terre provenant de Lemnos ; employée en peinture sous le vermillon ;

— *paraetonium* : du nom du port frontière de l'Égypte ; couleur blanche grasse ;

— *melinum* : craie argileuse dont la meilleure variété vient de l'île de Mélos ;

— *eretria* : blanc extrait des roches crayeuses d'Érétrie ;

— *auripigmentum* : orpiment, minéral jaune (sulfure d'arsenic) ;

— *ochra* : jaune tiré du limon recueilli dans les mines d'argent ;

— *cerussa* : céruse, blanc tiré des scories de plomb ;

— *usta* : chez Pline, désigne deux substances différentes, une sandaraque artificielle ou un ocre-rouge ;

— *sandaraca* : rouge obtenu en brûlant, à portions égales,

de la rubrique et du rouge de plomb ;

— *sandyx* : mélange de céruse et de rubrica ;

— *syricum* : rouge artificiel fabriqué en Syrie ;

— *astramentum* : astrament, noir fabriqué de diverses manières.

Sur la composition chimique de ces couleurs et les rapports entre couleurs et techniques, voir J. André, *Étude sur les termes de couleur dans la langue latine*, Paris, 1949 ; K. C. Bailey, *The Elder Pliny's Chapters on Chemical Subjects*, Londres, 1920-1932 ; B. Guineau, « Couleurs et techniques », in *Jeunesse de la beauté*, Paris, Ars Latina, 1995, p. 208-239.

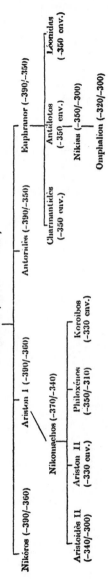

Écoles de peinture du –IVe siècle : filiations artistiques.

1) *École de Sicyone* : –400/–330 env.

2) *École thébano-attique* : –400/–330 env.

Bibliographie

Sur Pline l'Ancien :

COLL., *Pline l'Ancien, témoin de son temps*, actes du colloque de 1985, Salamanque-Nantes, 1987.

G. SERBAT, « Pline l'Ancien », in *Aufstieg und Niedergang der römischen Welt*, W. Haase et H. Temporini, Berlin-New York, 1974 *sq.*, II, 32-4, p. 2069-2200.

Sur Pline et l'art antique :

COLL., *Pigments et colorants de l'Antiquité et du Moyen Âge*, Éd. du CNRS, 1990.

R. CHEVALIER, *L'Artiste, le collectionneur et le faussaire. Pour une sociologie de l'art romain*, Paris, Armand Colin, 1991.

J.-M. CROISILLE, « Pline et la peinture d'époque romaine », in *Pline l'Ancien, témoin de son temps*, p. 321-337.

J.-M. FONTANIER, « Poussin aurait-il lu Pline ? », *ibid.*, p. 339-344.

PH. HEUZÉ, « Pline "critique d'art" ? Les avis contradictoires de Diderot et Falconet », *ibid.*, p. 345-355.

A. MICHEL, « L'esthétique de Pline », *ibid.*, p. 370-383.

Y. PERRIN, « Un témoignage de Pline sur l'évolution socio-culturelle de son temps (*NH* 35, 52) », *ibid.*, p. 385-412.

J. PIGEAUD, *L'Art et le vivant*, Paris, Gallimard, 1995.

A. REINACH, *La Peinture ancienne. Recueil Millet*, introduction et notes d'Agnès Rouveret, Paris, Macula, 1985.

A. ROUVERET, *Histoire et imaginaire de la peinture ancienne (Ve siècle av. J.-C.-Ier siècle ap. J.-C.)*, Rome, École française de Rome, 1989.

Table